KB109876

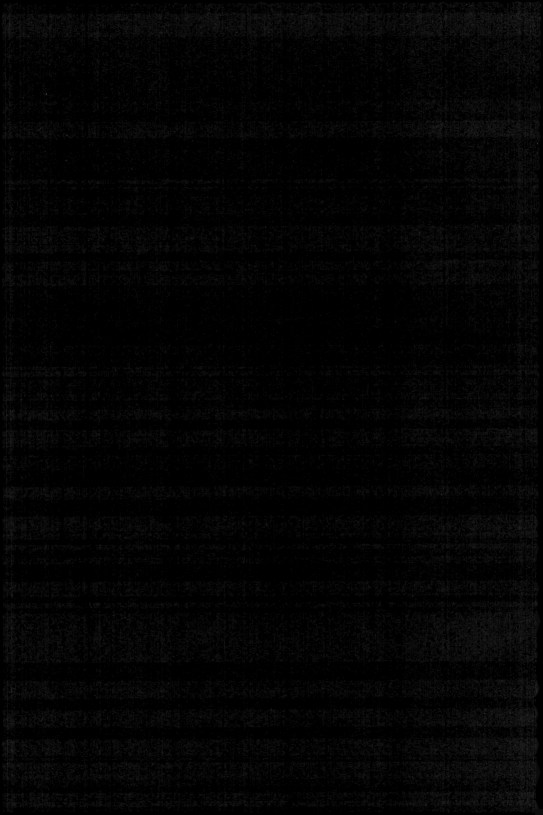

신이 쏜 불화살

신이 쏜 불화살

발행일	2017년 9월 15일
지은이	권병기, 고명숙
펴낸이	배정자, 강재구
펴낸곳	(주)드림워커
디자인	(주)북랩 김민하
출판등록	제2017-000068호
주소	경기도 부천시 경인로 60번길 40 부천시사회적경제센터
전화번호	070-4204-4404

ISBN   979-11-961726-0-2 03300(종이책)

신이 쏜
불화살

권병기·고명숙 지음

도서출판 **드림워커**

contents

특별한 사명을 위해 준비되다

아련했던, 그러나 남달랐던 기억들

그 사람을 만나기까지

'쉐키나' 그리고 '테필린'

예루살렘의 찬란했던 여정

추천사 1

국회의장 정세균

'가지 않은 길'을 간다는 건, 용기 그 이상의 신념이 필요합니다. 수많은 선택의 기로에서도 흔들림 없이 20여 년 동안 한 길을 걸어온 권병기 이사장님의 삶은 헌신 그 자체입니다. 그 헌신의 삶은 평생의 반려자 고명숙 이사님이 함께 있었기에 가능한 일이었을 겁니다.

권병기 이사장님은 20여 년 동안 문화적 혜택을 받기 힘든 소외된 지역과 계층, 국가를 찾아가 문화공연을 통한 봉사활동을 전개해 왔습니다. 비영리법인인 ㈔국제열린문화교류회를 설립해 가치관과 언어, 문화, 종교가 다른 민족과 국가에도 문화공연과 자원봉사활동을 통해 민간외교 사절로서 눈부신 활약을 해왔습니다.

이뿐만이 아닙니다. 국내 각 분야의 전문 예술인들의 재능기부를 받아 아마추어인 자원봉사자들에게 한국전통예술인 한국무용, 국악, 태권무 등을 교육함으로써 한국문화 발전에도 이바지해 왔습니다. 또한, 우리 어린이와 청소년들이 한국인으로서 긍지와 자부심을 가지고 역사와 문화의 전통을 이어가도록 최선을 다해 왔습니다.

『신이 쏜 불화살』은 권병기 이사장님과 고명숙 이사님이 척박한 땅에 씨를 뿌리고 나무를 키워 열매를 맺어온 20여 년의 과정이 고스란히 담긴 책입니다. 또한, 사명감을 안고 시련을 이겨내 축복의 시간을 맞이하기까지의 과정에서 함께 한 모든 분들의 봉사와 헌신의 삶이 담겨 있습니다.

저 멀리 보이는 따뜻한 한 줌 불빛이 노곤한 나그네에게 이정표가 되듯, 권병기 이사장님과 고명숙 이사님이 만들어가는 길이 세상을 더 따뜻하게, 인류가 더 가까워지는 지름길이 될 것으로 생각합니다. 두 분과 함께 세상의 빛과 소금이 되어 온 모든 분들께 진심으로 감사의 인사를 드리며 가까운 곳에서 늘 응원하겠습니다.

추천사 2

종로구청장 김영종

㈜국제열린문화교류회에서 20년 이상 추진해 온 문화활동을 기념하기 위해 그간의 기록들을 담은 책의 출간을 진심으로 축하드립니다.

㈜국제열린문화교류회 권병기 이사장님은 2015년부터 2년 간 종로교구 협의회 회장직을 역임해 오셨고, 지역사회의 소외받는 이웃을 위한 봉사와 배려를 실천하고 계십니다. 비영리법인인 ㈜국제열린문화교류회를 설립하여, 국내외 문화적 혜택을 받기 힘든 지역들을 찾아다니며 문화공연을 통한 자원봉사활동도 활발히 해오고 있습니다. 이를 통해 다른 여러 나라에 우리의 문화를 전파하는 민간외교사절로서의 역할도 톡톡히 하고 있습니다.

그리고 전문 예술인들의 재능기부를 통해 아마추어 자원봉사자들에게 한국무용, 국악, 태권무 등을 교육함으로써 전통문화

발전에도 기여했습니다. 이 자리를 빌려 감사의 인사를 드립니다.

　종로구는 대한민국 수도 서울의 중심으로서, 전통과 역사가 살아 숨 쉬는 문화도시입니다. 경복궁과 창덕궁 등 4개의 고궁을 포함하여 역사적 가치가 있는 문화유산이 풍부하여 지붕 없는 박물관이라 불리기도 합니다.

　이에, 우리 종로구에서는 한옥, 한복, 한글, 한식과 같은 우리 고유의 귀중한 문화를 소중하게 지키고 발전시켜 나가고 있습니다. (사)국제열린문화교류회에서도 우리의 자랑스런 전통과 문화를 잘 지켜나갈 수 있도록 함께 해 주시고, 더욱 많은 나라에 홍보하여 주실 것을 부탁드립니다.

　앞으로도 더 많은 문화활동과 나눔활동을 통해 우리 사회의 빛과 소금과 같은 역할을 해 주시기 바랍니다. 이번 책 출간을 계기로 많은 분들께서도 (사)국제열린문화교류회 권병기 이사장님의 활동에 더욱 큰 관심을 갖고 성원해 주시기를 부탁드립니다.

　감사합니다.

추천사 3

김진섭(이스라엘신학포럼 대표회장, 쉐마교육학회 회장,
백석대평생교육신학원 학장)

권병기·고명숙 박사님 내외분은 한국의 전통문화(국악, 한국무용, 연극)를 '아리랑 페스티벌'이란 그릇 속에 담아 '쉐키나 워십'이란 복음의 문화공연을 '열린 문화 교류'라는 기치 아래 지난 20년 동안 89차 해외 행사와 330여 회의 세부 공연을 통해 "첫째는 유대인에게, 그리고 헬라인에게로다"(로마서 1장 17절)의 복음 선교 현장을 섬겨온 귀한 분들입니다. 특별히 미전도 종족을 찾아 문화공연과 함께 고아원, 도서관, 학교를 연차적으로 세우는 복음 인재 양육 사역도 겸하고 있습니다. 2016년에 대한민국자원봉사대상 대통령 표창은 그 모든 헌신과 희생에 대한 하나님이 주신 당연한 위로라고 생각합니다.

'신이 쏜 불화살'이란 이 책의 이름은 두 내외분이 지금까지 걸어온 극적인 사명의 여정을 잘 요약하고 있습니다. 노총각(48세)과 노처녀(36세)의 만남, 남편의 어지럼증과 위암 등의 중병 상황에서 간호로 이어진 천생연분, 총각 시절부터 사명 받은 문화센터가 지금의 서울시 종로구 구기동에 자리 잡기까지의 피 말리는 모험과 핍박을 동반한 10년 간 법정 투쟁 등의 불구덩이 속에서 "사명은 진실하며"(데살로니가전서 2장 5절), "사명이 목숨보다 중요하며"(사도행전 20장 24절), "살면 충성 죽으면 영광"(요한계시록 2장 10절)이라는 '신이 쏜 불화살'로 오늘 여기 승리의 사명지에 우뚝 서 있기 때문입니다.

특기할 것은 설립자 권 박사님이 섬기는 사단법인 국제열린문화교류회(OSIE)가 자리한 현 구기동 사적지의 역사적 의미와 비전입니다. 개인적으로 제가 젊은 시절부터 흠모해 온 순교자, 일제강점기 애국자, 한국 복음성가 창시자, 한국 최초의 수도원(대한수도원, 1945년 8월) 설립자, 살아있는 성령님의 '불의 제단'(火壇, 아호)이신 유재헌 목사님(1904~1951)이 자신이 세운 삼각산 임마누엘 수도원(1950년 5월)에서 6·25 동란 때 피난 가지 못한 성도들과 함께 구국 기도하시며 납북 순교하실 때까지 사수한 바로 그 자리라는 것입니다.

이 책을 읽는 독자들과 함께 역사적인 구기동의 문화센터가 남북통일을 향한 구국 기도와 차세대 애국 인재들을 양육하는 센터가 되고, '한국인은 제2의 유대인'이라고 칭송받는 바, 이스라엘과 유대인 문화선교에 선구자적 역할을 계속해서 잘 감당하며, 전 지구촌을 향하여 "이 천국 복음이 모든 민족에게 증언되기 위하여 온 세상에 전파되리니 그제야 끝이 오리라"(마태복음 24장 14절)는 종말론적 비전과 사명 완수에 선봉장이 되기를 축원하는 바입니다.

신이 쏜 불화살

추천사 4

권혁승(서울신학대학교 부총장 역임,
한국복음주의신학회 회장)

본서는 지난 20여 년 동안 권병기 이사장 내외께서 비영리사단법인인 국제열린문화교류회를 설립, 운영하면서 겪은 굴곡 심한 삶의 여정을 진솔하게 진술한 책입니다. 특히 주변 사람들의 오해로 인한 십 년간의 긴 법정 분쟁을 인내로 이겨내고 문화센터를 건립한 것은 분명 두 부부가 보여준 집념의 아름다운 결실이자 인간승리입니다. 그러나 저자는 그것을 인간의 한계를 넘어서는 신의 보호와 인도하심이라고 고백합니다. 그래서 책의 제목이 '신이 쏜 불화살'입니다. 화살은 인간의 손에 의해 쏘아지는 것이지만, 일단 시위를 벗어나면 인간의 한계 밖으로 날아오릅니다. 비록 인간이 쏘긴 했지만, 실제로는 신이 쏜 불화살이 되는 것입니다.

이 세상에 가치 없는 사람은 아무도 없습니다. 신의 형상대로 창조된 인간은 모두가 이 세상의 어느 무엇보다도 더 소중한 존재들입니다. 그것은 인간인 우리들 모두에게 각자가 해야 할 과제와 사명이 있음을 의미합니다. 본서에서 저자는 문화센터 활동이 자신에게 주어진 평생의 과제이며 사명임을 인식하면서 지난 20여 년 동안 그 일에 진력하여 왔음을 소개하고 있습니다. 저자는 문화센터 활동을 통하여 한국의 전통문화예술 대중화에 앞장섰으며, 그것은 차세대 젊은이들로 하여금 한국인의 긍지와 자부심을 갖게 하면서 우리 역사와 문화의 전통을 이어가게 하는 결과를 이끌어 냈습니다. 또한, 해외순회공연을 통하여 한국을 전 세계에 알리는 민간문화 외교사절로서의 역할도 담당하고 있습니다.

우리들이 하는 일이 얼마나 바른가를 확인하는 체크리스트(점검표)는 순수성과 지속성, 그리고 확장성입니다.

첫 번째, 순수성은 내게 맡겨진 과제와 사명이 신으로부터 주어진 것이며 그것을 추진하는 동기가 자신의 유익이 아닌 남을 섬기는 참된 봉사에 있습니다. 저자의 문화센터 활동은 그런 순수성을 지니고 있습니다. 그에 대한 증거는 각 분야의 전문 예술인들의 재능기부가 이어지고 있는 점과 아마추어 자원봉사자들의 지원이 넘쳐나는 것에서 확인할 수 있습니다.

두 번째, 지속성은 어떠한 어려운 환경 속에서도 주어진 과제를 중단 없이 지속해야 한다는 점입니다. 저자는 문화센터 건립 문제로 10년 간 법정분쟁을 겪으면서 수없이 많은 어려움을 경험하였습니다. 그런 모든 문제들을 인내로 이겨내며 극복할 수 있었다는 것이 곧 과제의 지속성입니다. 과제의 순수성이 그런 지속성을 이끌어 내는 원동력이 된 것입니다.

마지막으로 확장성은 활동의 범위가 점차적으로 넓어지는 것을 뜻합니다. 저자의 문화센터 활동은 국내에 머물지 않고 전 세계로 그 지평이 지속적으로 확대되어 왔습니다. 지난 2016년에는 이스라엘의 심장부인 예루살렘에서 한국문화를 소개하는 문화공연이 성공적으로 개최된 바 있습니다. 저자는 앞으로 그런 문화공연이 더욱 확장되어 UN과 북한 평양에서 개최될 것을 꿈꾸고 있습니다. '신이 쏜 불화살'은 그렇게 우리의 한계를 뛰어넘어 새로운 역사의 지평을 계속 확장할 것입니다.

지나온 길을 되돌아보는 일은 오늘의 자신을 점검하는 방법이며 또한 내일을 향하여 나아가는 자세를 새롭게 할 수 있습니다. 본서를 통하여 저자는 지나온 과거를 회고하면서 오늘의 결실이 얼마나 소중한 것인가를 점검하며, 또한 내일을 향하여 새로운 불화살 시위를 당길 준비를 하고 있습니다. 그것은 저자 자신들만을 위한 것은 아닙니다. 이는 이 책을 접하는 독자 모두에게도 같은 의미의 메시지가 전달될 수 있기 때문입니다. 저자가 겪었던 삶의 여정 속에 담겨 있는 불화살처럼 우리들 삶 속에도 각자의 또 다른 불화살을 쏘는 신의 손길이 자리하고 있습니다. 이것이 저자가 본서를 출간하게 된 가장 중요한 목적일 것입니다. 다시 말하여 저자는 이 책을 통하여 우리 모두가 각자에게 주어진 불화살의 재발견을 간절히 바라고 있습니다. 모두가 일독의 기회를 가지면서 자신에게 주어진 과제와 사명을 재점검하는 소중한 시간이 되기를 기대하며 적극 추천합니다.

신이 쏜 불화살

'길버트 알랜드'는 자신을 돌아보는 사람을 언급하면서 "궁수는 화살이 빗나가면 자신을 돌아본다"는 말을 했었다. 지난 우리 부부의 시간도 그랬다. 많은 눈물과 고통, 그리고 삶의 희열로 점철된 우리 두 사람의 지난 나날은 상징적인 의미에서 볼 때 '화살'과 같은  것이었다. 자꾸만 우리 자신을 돌아보게 하고 본질적인 것을 되뇌게 하는 원인이자 이유였다.

돌이켜 보면 문화센터를 운영하던 초기부터, 얼마 전 '2016 대한민국자원봉사대상 대통령표창'을 수상하게 된 현재까지 참으로 많은 일들이 있었다. 함께 만나 생사와 고락을 함께한 그 순간부터, 우리 부부의 삶은 현재 우리가 운영하는 사단법인 '국제열린문화교류회(OSIE)와 활동의 장소인 '센터'에 맞닿아 있었다. 우리는 우리가 하는 일들을 하나의 사명이자 '신'으로부터 받은 '소명'이라고 생각했다. 이 같은 삶의 진지함은 우리를 행동하게 하였고, 눈물 가운데서도 포기하지 않고 이 일을 꾸준히 하도록 만들었다. 그런 의미에서 우리가 하는 일은 '소명'적인 차원에서나 중요성에서 '신이 쏜 화살'과 같았다.

어떤 의미에서는, 우리의 삶의 방향성은 가장 강력한 그 어떤 것도 태우고 꿰뚫어 기어코 그 목적을 달성하는 '불화살'이었는지도 모른다. 우리가 함께한 지난 세월은 어떤 의미에서는 '시련'이었고 다른 한편으로는 견줄 수 없는 '축복'이었다. 온갖 어려움과 시련들을 꿰뚫고 나아가 목표들을 이루어 내는 '불화살'이었던 것이다. 신으로부터 받았다고 생각되는 그 같은 삶의 방향성…. 그래서 우리는 이 책의 제목을 '신이 쏜 불화살'이라고 정하기로 했다.

이 책의 이야기는 우리 '두 사람'의 이야기이다. 하지만 이야기를 전개해 가는 글의 특성이나 전체적인 부드러운 구성을 위해서 '글의 화자(話者)'를 아내의 입장에서 전개해 나가는 방법을 선택했다. 독자들은 우리 부부의 눈길과 손길이 지나왔던 시간의 흔적들을 따라오면서 왜 지난 시간이 '시련'이자 '축복'의 시간이었다고 했는지 알게 될 것이다.

책의 이야기를 풀어가기 전에, 이 책이 나오기까지 변함없이 우리의 곁을 지켜주며 등불이 되어 준 사람들에게 감사함을 표현하고 싶다. '2016 대한민국자원봉사대상 대통령표창' 수상에는 우리 두 부부 뿐만 아니라, 많은 사람들의 땀과 희생, 노력이 어려있다. 센터의 일로 늘 부족하고 아쉬운 사랑을 줄 수밖에 없었던 우리의 아이들, 그래도 묵묵히 티 없이 잘 자라준 두 아이에게 감사한다.

또한, 시련의 시간을 떠나지 않고 함께 해 준 '센터 식구'들에게도 감사하고 싶다. 불평 없이 지금껏 생사와 고락을 함께한 그들을 생각하면 지금도 목이 메어온다. 마지막으로 우리의 삶의 방향을 '빛나는 것'들로 가득 채워주신 '신'께 감사드린다. 힘든 시간 속에서, 정말이지 기도와 신앙의 힘이 없었다면 우리는 버티지 못했을지도 모른다.

삶은 끊임없이 이어진다. 그리고 우리의 감동적인 인생도 아름다운 그림을 그리며 계속 그려져 간다. 모두의 삶에 신의 축복이 함께하기를….

2017년 8월
권병기, 고명숙 부부

특별한 사명을
위해
준비되다

금지된 시도, 금지된 공연

한 한국인 남자가 예루살렘에서 이스라엘인 청중을 향해 침착하면서도 열정적으로 자신의 메시지를 이야기하기 시작했다. 때는, 이스라엘의 성전 파괴일(Tisha B'Av, 티샤 베 아브)이 있는 주간이었다.

"저는 사람에게 있어서 행복이 아주 중요하다고 생각합니다. 어떤 사람이 행복한 사람일까요? 첫째, 나이가 들수록 누군가 '나'를 보고 싶어 하는 사람이 많다면 그 사람은 '행복한 사람'입니다 나를 보고 싶어 하는 사람이 많다는 것은 행복한 친구를 많이 둔 것이기 때문입니다. 이 점에서 우린 이미 행복하다고 할 수 있습니다. 한국과 이스라엘은 서로 가보고 싶은 나라가 되었기 때문입니다.

두 번째, 함께 기뻐하고 즐거워할 수 있는 벗이 있다면 그 사람은 행복한 사람입니다. 제 나이가 65세입니다. 나이가 드니까 점

신이 쏜 불화살
····

점 기뻐하고 즐거워하는 친구가 없어지는 건 아닌가 하는 생각이 요즘 들기도 합니다. 나이가 들수록, 세월이 지날수록 함께 기뻐하고 즐거워할 수 있다는 것은 행복 중에서도 매우 의미 있는 행복이라고 할 수 있습니다. 그런 면에서, 이 자리에 있는 우리 모두는 행복하다고 할 수 있습니다. 왜일까요? 우리는 매우 특별한 사이이기 때문입니다. 한국과 이스라엘은 54주년 수교 기념을 하게 되었습니다! 우리는 함께 기뻐하고 즐거워하는 나라가 되었습니다!

세 번째, 함께 쉴 수 있는 아름다운 벗이 있다면 그 사람은 행복한 사람입니다. 여러분에게 같이 앉아만 있어도 힘을 주는 친구가 있습니까? 가만히 함께 있기만 해도 자유함을 얻게 하는 친구가 있습니까? 아니, 생각만 해도 자유를 느끼게 하는 친구가 있습니까? 그 벗이 바로 한국과 이스라엘입니다! 이제 한국과 이스라엘은 생각만 해도 자유와 기쁨을 얻는 나라가 되었습니다. 어떻습니까? 이 자리에 있는 우린 이미 행복한 사람이 아닙니까?"

운집해 있는 많은 수의 유대인들을 향해 말하고 있는 사람은 바로 오랫동안 나와 한집에서 생사고락을 함께 한 남편이었다. 심금을 울리는 그의 목소리에 사람들은 우뢰와 같은 박수를 보내 주었다. 그와 함께 나의 가슴도 빠른 속도로 뛰기 시작했다.

우린 모두가 감동의 한 가운데 있었다. 남편은 이어서 청중을 향해 이렇게 말을 이어갔다.

"1950년 한국전쟁에 유대인 청년 4천 명이 참전했습니다. 미국 국적 미군으로, 영국 국적의 군인으로 4,000명의 유대인이 참전했습니다. 여러분 중에 아버님이나 어머님이 그 당시 계셨다면 저를 만나고 가주십시오! 오늘 이 자리는 여러분을 위로하기 위한 것입니다. 함께 보고 싶고, 함께 기뻐하고 즐거워하고 싶고, 함께 자유함을 얻은 한국과 이스라엘은 영원한 친구 나라입니다!"

4천 명의 핏값으로 이스라엘과 한국이 친구가 되었다는 메시지를 전하자, 그곳에 있던 휠체어를 탄 상이용사들은 너무 감동

신이 쏜 불화살

받아 울기 시작했다. 내 뺨에도 어느 사이엔가 뜨거움이 흘러내리고 있었다. 국경을 초월한 많은 사람의 눈물이 어우러진 이 자리는 2016년 여름, 사단법인 국제열린문화교류회(OSIE)가 주관해서 한국과 이스라엘 수교 54주년을 기념해 있었던 '아리랑 페스티벌(ARIRANG Korean Cultural Performance for Israel)'이었다. 유대인을 위한 이 공연은 이스라엘에서 다섯 차례 있었는데, 도합 1만 명 이상의 유대인들이 공연을 즐겼다. 이스라엘 심장부 예루살렘에서 있었던 매우 특별한 행사였다.

2016년 7월 30일부터 8월 6일까지의 일정 중 이날 마지막 공연에서 남편이 이스라엘의 국기를 든 이스라엘 여자아이와 한국 여자아이의 손을 잡고 무대를 한 바퀴 도는 장면을 연출했다. 순간, 예루살렘 '퍼스트 스테이션'에 있던 유대인들 전원이 일어나

눈물을 흘렸다. 함께 갔던 우리 한국인 단원들은 유대인의 언어로 이스라엘 국가를 불렀다. 이스라엘 국가가 울려 퍼지면서 6명의 사람에 들려진 이스라엘 대형국기가 나오자 누가 먼저랄 것도 없이 그 자리에 있던 많은 관객 전원이 순식간에 벌떡 자리에서 일어났다. 사실, 공연 말미에 피날레로 꽹과리를 치려고 했었다. 하지만, 숙연해진 장내 분위기 때문에 예정된 순서대로 할 수 없었다. 행사를 준비했던 우리조차도 예상치 못했던 감동에 빠졌다.

이런 예상치 못한 극적인 상황 속에 목격한 감동의 순간이 있었다. 공연의 마지막 장면은 모세로 분장한 배우가 이스라엘의 12지파(르우벤, 시므온, 레위, 유다, 잇사갈, 스불론, 갓, 아셀, 단, 납달리, 요셉, 베냐민)

신이 쏜 불화살

하나하나를 쓰다듬는 장면이었다. 이 광경을 두 아이를 안고서
관람하던 젊은 부부가 있었다. 남편과 부인이 각각 카메라로 촬영
하고 있었는데 부인은 일반 스틸 사진을 찍고, 남편은 서서 동영
상을 찍고 있었다. 어느 순간 감흥에 젖은 남편의 얼굴이 붉게 달
아올랐는데, 이스라엘의 국가 하티크바가 연주되고 대형 이스라
엘 국기가 등장하자 그는 눈물을 왈칵 쏟으며 오열하기 시작했다.
힘을 잃었는지 남자는 카메라를 손에서 놓쳤다. 그 찰나의 순간,
아이를 안고 있던 부인이 순식간에 아이를 바로 옆에 내려놓고 재
빠르게 자리에서 일어나며 남편의 카메라를 잡았다. 그 젊은 부인
도 눈물을 흘리고 있었다. 공연 현장의 감동을 담으려고 하는 그
부부의 절실한 마음이 느껴져, 우린 감동받지 않을 수 없었다. 뭉
클했던 순간이었다.

이 날의 감동이 특별했던 이유는, 우리의 '아리랑 공연'이 이스라엘 국가의 중요한 절기인 〈성전 파괴일〉 주간에 있었기 때문이다. 슬픔의 날인 이 시기는 국가적으로도 어떤 모임이나 행사도 갖지 않는 것이 관례이다. 이국땅에서 낯선 이방인인 한국에서 온 우리들이 행사를 주최한다는 것은 불가능처럼 보이는 일이기도 했다. 하지만 우리는 오히려 그들의 슬픔을 위로하기라도 하듯 매우 감동적이면서 느낌 있는 행사를 만들어 냈다.

어떤 사람은 이렇게 묻기도 한다. 무엇 때문에 이런 행사들에 정성을 쏟느냐고 말이다. 사실, 사단법인 국제열린문화교류회(OSIE)의 대표이자 리더인 남편을 비롯해 단원들 모두가 이런 행사를 만들기 위해서는 엄청난 희생을 감내해야만 한다. 사명감이 없이는 이런 행사를 치러낼 수가 없다. 이 행사로 돈을 버는 거 아니냐고? 70명의 단원들이 이런 공연을 통해 돈을 벌려면 차라리 국내에서 하는 편이 낫다. 단원들 모두가 자비를 들여 이스라엘을 방문할 뿐 아니라, 오히려 그들과의 자매결연을 통

신이 쏜 불화살

해 그들을 일정 기간 지원하는 일을 하고 있다. 정말이지 그들에게 1원 한 푼도 금전적 이득을 거두지 않는다.

영적인 계몽과 사회적 일깨움을 위해 그동안 이런 해외 행사가 75차례나 있었고 그 안의 세부 공연만 310회나 있었다는 걸 아는 사람은 국내에 그다지 많지 않다. 이렇듯, 남편과 내가 문화를 통해 한국을 세계에 알리고 사회적 계몽을 위해 열정적 에너지를 쏟게 된 데는 나름의 인생 스토리가 있었다. 나와 남편의 눈물 어린 삶의 이야기들은 다른 사람들을 도우려는 인류적 가치에 그 근원을 두고 있었다. 어찌 보면, 이것은 삶의 순리였고 우리가 따르고 만들어 가야 할 사명과도 같은 것이었다. '신이 쏜 화살'처럼 우린 그렇게 한 방향을 향해 나아갔다.

이런 우리 부부의 활동에는 어린 시절과 결혼 이전의 영적 가치관들이 바탕이 되었다. 이제 시간을 조금 뒤로 돌려, 다소 생경하고 남달랐던 어린 시절의 이야기를 먼저 해 보려고 한다.

아련했던,
그러나
남달랐던 기억들

어린 시절의 나는

시골에서 자라서 초등학교에 다니고 있던 나는 어른들이 말하는 내면의 영적 가치에 대해 아주 잘 알지는 못했다. 하지만 아주 어렴풋이 사람이 가지고 있는 '가치관'이라는 것에 대해서 생각할 얼마의 기회가 있었다. 대단한 걸 생각한 건 아니고, 사람에겐 저마다 '스스로 옳다고 생각하는 삶이 있구나'하는 정도의 것이었다.

초등학교 1학년이었던 때, 동네에는 막 지어져 가는 교회 건물이 있었다. 그 당시 부모님들은 성당에 다니셨고, 내 위로는 아주 똑똑한 오빠가 한 명 있었다. 언젠가 한 번은 여름 어느 날 엄마가 바닷가에 게를 잡으러 갔는데, 오빠를 데리고 가서 원뚝길에 두고 일하느라 몇 시간을 방치했던 적이 있었다. 오빠는 뙤약볕에 더위를 먹었다. 집에 돌아온 오빠는 고열이 나고 상태가 좋지 않았다.

신이 쏜 불화살

당시로써는 시골이라 특별히 손 쓸 방법도 없었다. 아마도 집에 있는 해열제 정도가 오빠를 위해 할 수 있는 전부였을 거다. 오빠의 열은 끝내 떨어지지 않고 그 상태가 심해져서 결국 소아마비가 왔다. 그때의 일은 엄마에게 평생의 한으로 남았다. 그 일이 있고 나서, 엄마는 오빠 때문에 천주교 성당을 다니게 되었다.

동네에는 앞을 못 보는 소경 부부가 살고 있었다. 그런데 이분들이 서울에 가서 침술을 배워 돌아왔다. 사람들을 모아 침을 놓아주면서 성경 이야기를 하는 것이 이 부부가 하는 일이었다. 한 달에 한 번 꼴로 천주교 신자들을 모아 놓고 그런 자리를 만들었다. 말하자면, 천주교 신자들을 모아 개신교 집회를 연 것이다. 엄마는 제사는 다 지내면서도 오빠 때문에 신에게 의지했다. 양쪽 모두의 모임에 열심히 다니셨다. 나도 엄마를 따라서 집회를 갔다. 어릴 적 나는 9남매 중 엄마를 늘 쫓아다니는 울보였다.

성당을 가려면 배를 타고 가야 했다. 일곱 살이었던 나는 엄마가 성당엘 가려고 새벽부터 준비하는 데 따라간다고 울면서 머리를 감고 분주하게 하던 중에 어쩌다 가지 못하는 상황이 되었다. 좀 더 바지런해서 성당을 계속 갔다면 어쩜 나는 지금쯤 수녀가 됐을지도 모르겠다. 그만큼 엄마는 종교심이 많았고, 나 역시 영적인 것들에 대해 호기심이 많았다.

오빠 때문에 가끔 신부가 집에 와서 예배 형식으로 미사를 드리기도 했다. 집 여기저기에 성수 같은 것을 뿌리면서 나쁜 기운을 물리치는 의식을 하기도 했다. 어린 나이였지만 솔직히 나는 그런 모습들이 미덥지 않았다.

그렇게 성당에도 나가고, 소경 부부의 개신교 모임에도 나가고, 제사도 계속 지내는 것이 엄마의 모습이었다. 엄마의 바람과는 달리 시간이 지나도 오빠의 소아마비 상태는 좋아지질 않았다. 상황은 악화되었고, 별다른 변화가 없어서 엄마는 성당 다니는 것에 큰 의미를 두지 못하게 되었다. 동네 사람들과 오히려 소경 부부가 모임을 드리는 개신교 집회 쪽으로 더 열심히 나가셨다.

그 당시 시골 마을 사람들은 성당이 뭔지 개신교가 뭔지 차이점도 잘 모르고 우왕좌왕하던 상황이었다. 그러다 모임을 하던 사람들이 우리 동네 옆에 교회를 세우기 시작했다. 교회를 안 다니던 마을 사람들과 청년들도 벽돌을 찍어서 짓는 일을 돕곤 했다. 그렇게 교회가 완성되고 천주교 성당이 아닌 교회를 사람들이 다니기 시작했다. 처음엔 어린 마음에 크리스마스 때 "사탕을 준다", "먹을 것을 준다"는 말을 듣고 교회를 다녔던 것도 사실이었다. 그렇지만 나 스스로가 희미하게 내적인 가치의 중요성을 생각하게 된 것도 그때부터였다.

신이 쏜 불화살
····

신에 대한 어렴풋한 느낌

어린 내가 처음 교회 갔을 때 믿음이 있으면 천당 가고 안 믿으면 지옥을 간다는 말이 가슴에 확 들어왔다. 천당은 어떤 곳이고, 지옥은 어떠 어떠한 곳이라는 설명을 들었다. 천당에는 눈물도, 아픔도, 슬픔도 없다는 것이었다. 그 말이 좋았다. 오빠가 많이 아팠기 때문에 오빠가 더는 고생하지 않을 어떤 곳이 있다는 사실 자체가 그냥 좋게만 느껴졌다. 천당과 지옥은 막연하게나마 너무나 다르다는 생각이 들었다. 그리고 이후에 기도하기 시작했다. 그 계기가 된 것은 믿지 않으면 지옥을 가게 될 우리 엄마, 아빠와 아픈 우리 오빠 때문이었다.

시간이 지나가면서 오빠의 몸 상태는 점점 안 좋아졌다. 몸의 마비 증상이 더 심해지면서 혼자서 무언가를 하기 어려워졌고 그러다 보니 우리 집 사랑방에는 한의사들이 다녀가기가 일쑤였다. 여기저기에 침을 놓고 온갖 약을 다 써 봤고 무당을 통해서 굿도 했다. 오빠를 살리기 위해서 별별 짓을 다 했던 것 같다. 어쩜, 당시 머리에 침을 잘못 놓은 것 때문에 더 상태가 안 좋아졌을지 모른다는 생각이 들기도 한다.

우리 가족은 부모님과 오빠 3명, 딸이 6명, 이렇게 9남매였다. 딸 여섯 중에 나는 셋째로 순서상으로는 여섯째였다. 소아마비 증세를 앓던 셋째 오빠는 열일곱 살의 나이에 결국 죽었다. 어느 날 학교에서 돌아와 보니 오빠가 죽었다고 했다. 평상시 오빠가 움직임이 불편하다 보니 엄마, 아빠가 일하러 나가시고 나면 내가 대소변을 치워야 했다. 지린내에 밥도 먹여줘야 하는 오빠가 귀찮게 느껴졌던 것도 사실이었다. 어떤 때는 독한 말을 하며 업신여긴 적도 있었다. 참 잘 생겼던 오빠였는데 오빠에게 했던 그 말들이 제일 가슴에 걸렸고 그 때문에 마음이 아팠다.

우리 집은 한 달에 한 번씩 일 년에 12번 제사를 지냈다. 그런 상황에 오빠는 점점 몸이 더 안 좋아지고 있었다. 거기에 더해, 무리하신 탓인지 엄마는 언젠가부터 가슴 통증으로 힘들어하셨다. 때때로 엄마는 너무 아파서 아무것도 할 수가 없는 상태가 되었다. 내 기억으로 내가 초등학교 4학년 무렵, 아팠던 엄마가 제사 음식을 할 수 없어서 그 일을 대신 했던 것 같다.

신이 쏜 불화살

"쌀을 몇 되 가져다 담가라", "빻아서 시루에 앉혀라", "어떻게 해라" 이런 식으로 말을 하면 아버지와 내가 엄마의 말대로 일을 해야 했다. 언니가 위로 둘이 있었지만, 그 동네에는 다닐 학교가 없기 때문에 지역을 떠나서 도시에 나가 있었다. 말이 1년에 열두 번이지, 한 달에 한 번씩 그렇게 치러야 하는 무리한 제사 때마다 엄마는 몸이 아파서 힘들어 했고, 그 일은 아버지와 나에게도 너무 과중한 일이었다.

주변에 교회 다니는 분들이 "제사 이제 그만 지내"라고 말을 했었다. 교회 다니기 때문에 그런 말을 한 것도 있지만, 일 년 내내 제사를 지내는 우리 집 사정을 알고 있었기 때문이다. 아버지도 교회를 다니긴 하셨지만, 이때까지 해왔던 제사를 안 드리는 것에 대해 부담을 갖고 계셨다. 제사만은 내려놓지 못했던 시기였는데, 아버지가 없었던 어느 날 아침에 엄마가 제사 관련 조상들의 위패를 마당에 꺼내놓고 석유를 부어 불에 태워 버리셨다! 아마도 그 일로 아버지와 엄마가 크게 싸우지 않았을까 생각된다.

영적 성장의 계기가 된 오빠의 죽음

오빠가 죽고 나서 무리한 제사조차도 의미가 없다고 판단한 엄마의 결단으로 인해 결국 제사를 드리지 않게 되었다. 그때부터 집안은 잠잠해지고 걱정거리들이 사라지면서 너무 편안해지기 시작했다. 농사도 잘 되고 하는 일마다 순조롭게 풀렸다. 오빠가 죽긴 했지만, 오빠로 인해 가족의 평화가 온 것은 아닐까 하는 생각이 들었다. 자식이 죽으면 가슴에 묻는다는 말이 있다. 밤마다 아버지는 오빠의 무덤가에서 밤 12시가 넘은 늦은 시간까지 앉아 있다가 돌아오며 아들을 잊지 못했다.

나는 오빠가 죽고 나서 무서워서 벌벌 떨고 지냈다. 내가 아주 어렸을 때 겪은 일이라면 기억에서 잊혀질 수 있었겠지만, 이미 초등학생 때가 되어 겪은 일이라 잊을 수 없는 일이었다. 오빠가 아파서 너무 고생하는 모습을 봤었고, 내가 병치레 하면서 오빠에게 너무 못되게 굴었다는 사실 때문에 양심의 가책이 느껴졌다. 마음이 불편해서 나는 오빠가 천국에 가게 해달라고 기도를 했다. 제발 천국에 가게 해 달라고….

이런 일을 겪으며 우리 가족 모두가 교회를 다니기 시작했다. 아버지가 교회를 다니기 시작하면서 일 년에 열두 번씩 치르던 제사도 다 줄여서 일 년에 한두 번으로 간소화하고, 할아버지 제사 기간에 모임을 드리고 동네 사람들 다 모아서 음식을 베풀곤 했다. 아버지는 이후로 엄마, 교회, 집밖에 모르고 사셨다. 내가 서른 일곱 살이었던 때-그때는 결혼하고 일 년 뒤였는데-아버지가 81세로 돌아가셨다. 남은 여생을 아주 신앙심 깊게 훌륭하게 사시다가 돌아가셨다.

아버지의 가르침으로 나 역시 초등학교를 졸업하고 중학교에 다니며 아주 모범생으로 지냈다. 아버지는 집에 누구든지 오면 그냥 돌려보내지 말고 무엇이라도 음식을 대접하라고 하셨다. 생각해 보면 아버지는 정말 마음이 바른 분이셨고 훌륭한 분이셨다. 분명한 것은 죽은 오빠로 인해 가족들이 가치관이나 종교관에 있어 적지 않은 영향을 받았다는 거다. 오빠가 직접적으로 영향을 준 것은 아니지만, 오빠의 죽음은 다른 식구들에게 잊지 못할 기억과 영향을 남겼다.

어딘가 익숙하지 않았던 또래의 삶

그렇게 어린 시절을 보내고 어느 정도 성인이 되었을 때, 나는 고향이 아닌 다른 곳에 있었다. 시골에 살다 생전 처음으로 서울에 올라와서는 많은 것들에 낯설음을 겪고 있었다. 서울에서 사귀게 된 친구들과 어울렸고, 어느 날은 그 아이들이 "춤추러 가자"고 했다. 그 당시에는 그런 곳을 '고고장'이라고 불렀다. 친구들은 그런 곳을 가려면 조명 때문에 화려한 옷을 입어야 한다고 했는데 당연히 어리숙했던 나에게는 그런 옷이 없었다.

별로 내키지도 않았고 좋아하지도 않았지만, 결국 대학생들과 미팅을 해서 함께 그곳을 갔었다. 친구들은 아무렇지 않은 듯 즐거워하고 춤을 추었지만, 솔직히 말해 나는 그런 분위기가 정말 어색하고 유쾌하지가 않았다. 당시 젊은이들이 좋아하는 나이트클럽이 확산되던 시기였지만 어려서부터 보수적인 느낌으로 자라온 탓일까? 나는 그런 분위기가 내 체질에 맞지 않는다는 생각

신이 쏜 불화살

이 들었다.

결국, 그날 심드렁하게 있다가 "먼저 간다"고 나왔고, 그 뒤로도 친구들 때문에 서너 번 '고고장'에 갔던 기억이 있다. 일하게 되면서 회사에서 직원들과 함께 회식으로 그런 곳을 가기도 했지만, 재미도 없고 흥미롭게 느껴지지도 않았다. 하지만 그런 남다름을 다른 사람들에게 티낼 수는 없었다. 나이트클럽, 고고장, 디스코 클럽 이런 곳의 사람들의 모습은 전혀 흥미롭거나 좋게 느껴지지 않았다.

세상을 너무 몰랐던 탓일까? 몇 달간 세상 구경 차 친구들과 미팅도 하고 등산도 가고 고고장도 가보았지만 역시 내 취향은 아니었다. 재밌지가 않았다. 시골에서 단순하게 하나만 좋아하며 살았던 탓일지도 모르겠다. 나의 내적인 만족을 충족시켜 줄 수 있는 것은 분명 다른 곳에 있었다. 어릴 적 호기심으로 다녔던 성당이나 교회처럼 정신적으로 자신을 만족하게 할 수 있는 뭔가가 필요했다. 그리고 그런 내면의 방향성은 지금의 나를 만들었다.

그 사람을
만나기까지

아버지께 작은 기쁨이고 싶었던 딸

서울에서의 생활이 익숙해질 무렵, 아버지는 몸이 편찮으셔서 목포에 있는 병원 중환자실에 입원해 계셨다. 어느 날 모임을 통해서 알고 지내던 선배 언니로부터 선 한번 보라는 제안을 받았다. 그 얘기를 해 주었던 선배 언니도 당사자를 직접 알지는 못하지만 아는 분 소개로 괜찮은 사람이라고 얘길 들었으니 한번 만나보라는 것이었다. 그런데 나이가 많다고 했다. 나이가 '띠동갑' 정도 된다는 거였다. 당시 나는 결혼에 대한 생각이 그다지 많지 않았다.

혼자 지내는 것이 너무나 좋았던 내가 선을 보게 된 것은 아버지 말씀을 염두에 둔 것이기도 했다. 너무나 고통스럽게 치료를 받는 아버지를 생각하면 당시 내가 해드릴 수 있는 것은 그다지 많지 않았다. 소식을 듣고 급히 병원으로 내려가 보니, 아버지는 여기저기 온몸에 각종 선들이 연결된 채로 누워 계셨다. 내가 너무도 아버지 속을 썩였다는 생각이 들면서 더 잘 해드리지 못한 것이 후회되기 시작했다.

언니로부터 아버지가 중환자실에 들어가기 전에 하신 말씀을 전해 들었다. 아버지는 두 가지 소원이 있었는데 하나는 아직 결혼하지 않은 내가 시집가서 잘사는 것이라고 했다. 그런데 내가 결혼하지 않고 있는 것을 안타까워하셨다는 것이다. 또 하나의 소원은 시골 교회에 깨끗한 지붕을 올리는 것이라고 하였다. 그 당시 돈으로 천만 원 정도의 비용이 드는 그 일을 아버지는 자신의 사명이라고 생각하신 듯했다. 나는 빨리 내가 할 수 있는 아버지의 첫 번째 소원을 들어 드려야겠다고 생각했다. 늦은 나이에 결혼하지 않고 지내는 것이 얼마나 불효인지 그때 처음 깨달았다. 결혼을 생각하게 된 건 그런 아버지에 대한 생각이 밑바닥에 있었기 때문이었다.

공교롭게도, 서울로 올라가려고 비행기를 타려던 그때 서울로부터 전화를 받고 지금의 남편과 몇 차례 만남을 가졌다. 나이는 좀 많은 사람이었지만 가치관에 있어 나와 적지 않은 공통점이 있다는 생각이 들었다.

말리는 결혼, 하지만…

　주변의 오빠들과 언니들은 당시 내가 누군가를 만난다는 이야기를 듣고 '그렇게 나이 많은 사람하고 왜 결혼을 하려고 하냐'고 강하게 반대를 했었다. 나이가 많은 사람이다 보니, 혹시나 '재혼하는 사람이거나 이상한 사람이 아닌가' 검증하려고 까지 했다.

　나는 전혀 몰랐었지만, 남편은 그때 선을 여러 사람과 보고 있었다. 나름대로 결혼 대상자를 열심히 찾던 상황이었다. 그때 당시 마흔여덟 나이 하나만으로도 이 남자는 나에겐 큰 의미가 없었다. 다른 조건이 아무리 좋다 하더라도 12살 차이는 좀 심하긴 하다는 생각이 들 정도였다.

　하지만 인연이 되려고 그래서였을까? 번번이 못 만나다가 어느 토요일 오후에 만나게 되었다. 그런데 이 사람, 조금 이상한 부탁을 했다. 처음 만나는 약속 시간에 30분이나 늦게 와서는 미안

신이 쏜 불화살

하다는 말도 없이 면접 보는 것처럼 사전에 '이력서' 같은 걸 써 달라고 했다. 소개한 사람을 통해서 그런 부탁을 했다는데, 물론 이유야 있었겠지만, 직원 면접 보는 듯한 느낌이 들면서 불쾌하 고 기분이 좋지 않았다.

암튼 첫 만남은 그랬다. 그리고 남자와 헤어져 맞선 장소였던 호텔에서 나와 집으로 가려는데 남자가 주차장에서 차를 가지고 나와서는 나보고 타라고 했다. 나는 그 자리를 빨리 벗어나고 싶 은 마음이 들었다. 그래서 바로 앞에 있는 지하철을 타면 된다고 사양했다. 소개해 준 분이 차에 동승해 있었는데, 어이없게도 '어 른이 말하면 들어야 한다'고 하면서 타라는 것이었다. 조금 유머 러스한 느낌이 들었지만 일단 차에 타기로 했다. 여기저기 빙글 빙글 돌면서 이런저런 얘기를 했다.

차 안에서도 나는 완전히 면접 보러 간 사람 같았다. 처음엔 너무나 불쾌한 느낌이 들었다. 그런데 그 사람은 타인의 기분은 아랑곳하지 않았다. 그러더니 자신이 하는 일과 운영하는 문화 센터와 관련해서 여러 가지 자료를 봉투에 담아 나에게 주는 것 이었다. 받을 생각도 없었지만 일단 봉투를 들고 내렸다. 집으로 돌아오는 나의 발걸음은 개운치가 않았다. 다음날 직장에 출근 해 어제 선을 본 남자에 대해서 동료들에게 이야기했다. '이상한 사람을 만나서 아주 기분 나쁘다'는 말과 함께.

　그런데 그 중 나이가 좀 더 많은 선배는 내 얘기를 들으며 요즘 같은 시대에 남다른 정서를 가진 사람 같고 나쁜 사람 같지는 않다는 거였다. 또 다른 누군가도 비슷한 얘길 했다. 첫 만남의 인상은 좀 남달랐지만, 그런가 보다 하고 그냥 흘리기로 했다. 시간이 흘러가고 약 한 달 뒤에 연락이 왔다. 처음에 소개해 준 분이었다. 우습게도 나와 남자 측 양쪽이 서로가 관심을 갖고 있으니까 만나고 싶다는 말을 전해서 약속을 만들었다. 조금은 억지스러운 만남이었다. 처음 남편으로부터 전화를 받았을 때 나는 대뜸 이렇게 말했다. "너무 바쁘신 것 같은데, 저랑 데이트할 시간이 있으신 건가요?" 나중에 알았지만, 남편에게는 나의 직접적인 이 말이 굉장히 신선하게 들렸다고 했다.

　남편은 나의 말을 듣고 흔쾌히 시간을 내겠다고 대답을 했고 그래서 결국 만나기로 했다. 사실 전에 몇 번 맞선으로 남자를 만나기도 했는데, 지금 이 남자는 여자를 대하는 법을 너무도 몰랐다. 한편으로는 두 번째 만남에서 첫 만남 때에 내가 받은 기분 나쁜 것을 돌려주고 싶기도 했다. 그래서 조금은 심술궂게도 그동안 내가 선을 통해서 만났던 사람들 이야기를 하기 시작했다. 그런데 이 남자 정말 순수한 느낌이 드는 사람이었다. 그 애기를 들으면서 재미있어하면서 막 웃는 거였다. 나는 역설적으로 기분 나쁘라고 했던 말인데 말이다. 남편은 맞선을 어떻게 보는지도, 여성을 대할 때 어찌해야 하는지도 잘 모르는 사람이었다. 순수함 때문이었다. 그는 그냥 자기 일과 내적인 사명감만 가지고 살아가는 사람이었다.

그렇게 두 번째 만남을 갖고 난 뒤, 한 달쯤 후에 의미심장한 세 번째 만남이 있었다. 어느 날 저녁 시간에 집으로 전화가 왔는데, 아무 말도 하지 않고 끊는 것이었다. 당시에 스토킹에 대한 얘기들이 많이 나오던 시기여서 어떤 사람들이 장난하는가 보다 생각을 했다. 그런데 그런 일이 반복되자, 어느 순간 '어쩌면 선을 봤던 그 사람이 전화했을 지 모른다'는 생각이 들었다. 전화에 대고 "전화하셨으면 말씀을 하세요"라고 했지만, 들리는 대답이 없어 잠시 듣고 있다 전화를 끊었다.

나중에 고백하길, 남편은 내 목소리를 듣고 싶어서 전화했다고 했다. 그때 남편은 나와 여러 가지 조건이 맞지 않아 고민이 많았던 것 같다. 당시에 남편은 몸이 굉장히 안 좋았고, 많은 사람과 맞선을 보면서 이런저런 신경을 많이 쓰던 상황이었다. 남편과는 결혼 전까지 만남이 아주 많았던 편은 아니었다. 그러던 와중에 추석 때 휴가를 얻어 특별히 기도하면서 중환자 상태인 아버지를 생각하게 되었다. 나쁘지 않은 생각을 하는 남편이 나에게 호감이 있다는 것을 느끼며 결혼을 해도 되겠다는 생각이 들었다. 사실 남편 역시 나를 두고 삶의 동반자로 잘 맞을 것이라는 생각을 했다고 한다.

결국, 우리는 12월 초에 결혼하기로 했다. 나는 한 달간 휴가를 내서 결혼 준비를 했다. 남편은 몸이 좋지 않았기 때문에 식사하다가도 갑자기 푹 쓰러지기도 했다. 그런 남편을 보며 결혼식을 하다가도 혹시 쓰러지면 어쩔까 하면서 내심 걱정이 되었다.

신이 쏜 불화살

그래, 결국 당신과 인연이 되었어!

언젠가 남편에게 내가 어떤 점이 그리 맘에 들었냐고 물은 적이 있었다. 남편은 대답하길, 그 당시에 하루에 세 번 또는 다섯 번씩 맞선을 보면서 만난 상대에게 전부 다 이력서 같은 걸 쓰라면 쓰고 그랬다는 거다. 그런데 다들 그냥 아무 소리 안 하고 어리둥절한 채로 순응하는데, 유일하게 나만 이렇게 당돌하게 따지듯이 얘기하는 게 재미있었다고 했다. 맞선 상대로서 원숙한 사람과 나이 어린 아가씨는 차원이 다르다는 생각을 했다고 한다.

그렇다고 나이 많은 사람이 다 괜찮았던 것은 아니라는 얘기도 했다. 만나 본 4~50대 여자들은 대화가 뻔했다고 한다. 남편은 나를 처음 만났을 때 이미지가 본인이 좋아하는 스타일이었고, 신선한 느낌이 있는 사람이었다고 했다. 원숙함과 남다름이 함께 느껴지는 사람이었다는 것이다. 내 입으로 이런 얘길 하는 건 좀 낯간지럽긴 하지만, 남편이 보기에 나는 그중에서 최고의 여자였다고 했다.

나는 남편의 사적인 부분이나 남편이 생명처럼 여긴다는 '문화센터'에 대해서는 아는 것이 전혀 없었다. 그냥 그분이 나이 든 남자인데, 나랑 나이가 12살이나 차이가 나는구나 정도였다. 그냥 한번 만나보지 하고 선을 봤고 그러다가 그의 매력과 장점을 보았다.

남편은 처음엔 어지럽고 몸이 아픈 것을 숨기고 나를 만났다. 두 번째 만남은 자신의 집이 있는 창동역 근처의 자신의 자동차 안에서 만났는데, 그랬던 건 그의 좋지 않은 건강이 원인이었다. 갑자기 어떤 상황이 생길지 몰랐기 때문에 자신에게 좀 더 대화하기에 익숙하고 편안한 공간을 택한 것이다. 처음엔 마실 것을 사 가지고 교외로 드라이브를 나갈 줄 알았다. 그런데 창동역에다 차를 세워놓고 그 차 안에 들어가서 두 시간 동안 있는데 약간 갑갑하게 느껴지기도 했다.

"어디 안 나가요?" 하니까 자기는 지금 운전을 못 한다는 거였다. 건강 때문이었다는 것을 안 것은 나중에서였다. 주스를 두 개 사서 하나를 나에게 건네주었다. 좁은 차 안에서 무슨 얘기를 하겠는가, 완전히 분위기가 불편하고 서먹했다. 하지만 남편은 매력 있는 사람이었다. 부담 없이 웃어주고 내가 하는 어떤 이야기든 미소 띤 얼굴로 모든 이야기를 들어 주는 사람이었다. 시간이 어느 정도 흐른 뒤 '나 집에 좀 데려다 달라'고 이야길 하니, 기사를 불러서 광화문까지 데려다줬다.

지나고 보니 참 재밌는 기억이었다. 첫 만남을 갖고 '좀 이상하고 특별한 사람'이라고 생각했던 사람을 두 번째 다시 보게 되다니, 그때의 나는 뭔가에 이끌렸던 것 같다.

위태한 만남이 이어지면서

워낙에 '숙맥' 기질이었던 남편은 도저히 안 되겠다고 생각했던 것 같다. 여기저기서 조언을 구하며 나를 만나기 시작했다. 나중에 들었던 재밌는 이야기 중 하나는, 누군가가 남편에게 '여자들은 높은 데를 데려가면 좋아한다'는 얘길 했다는 거였다. 한 번은 남편이 나를 여의도의 63빌딩에 데려갔다.

그런데 내 반응은 영 시큰둥했다. 당시 목동의 직장에 근무하며 그 동네 가까이 살았었기 때문에 나에게 높은 빌딩이 그다지 새로울 것도 없었다. 남편의 데이트 작전이 안 먹힌 거다. 남편은 조언을 준 사람에게 '너 잘못 안 거 아니냐'며 채근을 했다고 한다. 남편이 '뭐가 있을까 싶어서 고민하다'가 선택한 곳이 '수유리 아카데미 하우스'였다. 산 위에 세워진 구름 위의 건물이었다. 그런데 거기서 뜻밖의 일이 벌어지고 말았다.

신이 쏜 불화살

만난 곳은 아주 근사한 레스토랑 '구름의 집'이었다. 분위기도 썩 괜찮았다. 본 식사를 하기 전 샐러드가 애피타이저로 나왔는데, 순간 남편이 바람 빠진 풍선처럼 푹 쓰러지는 것이었다! 당시까지만 해도 나는 몰랐다. 그렇게 많이 아프다는 걸…. 남편은 쓰러지고 얼굴이 창백해졌다. 대책이 안 섰다! 어떻게 해야 할지 몰랐다. 남편은 조금 지나서 정신을 차리더니 '기사 좀 불러 달라'고 했다. 그렇게 그날의 데이트는 갑작스레 끝이 났다.

누군가를 위한 간절함이 사랑을 만들다

이 글을 읽는 사람이라면 아마도 그런 어이없는 상황 가운데서 '다시는 그 사람은 만나지 말아야지'라는 생각을 했을지도 모른다. 하지만 어쩐지 나는 그러고 싶지가 않았다. 집에 가면서 다급히 기도했다. 신에게 저분 좀 살려달라고, 어떤 일인지는 모르지만 저분 좀 살려달라고, 도와달라고 그렇게 맘 깊은 어조로 기도를 드렸다. 이 남자와 내가 결혼을 할지 안 할지는 그 순간 중요한 것이 아니었다. 그냥 좀 '살려 달라'고 말할 뿐이었다.

남편은 이후로 전화도 잘 안 되는 것 같았고 만나기도 쉽지 않았다. 본인의 몸이 심하게 아프다 좀 나았다 하는 상황이 계속 반복되었다. 그리고 9월 추석이 지나고 나서 출근을 해 그에게 전화했다. 매일 기도하면서 신께서 주시는 모종의 느낌이 있었기 때문에 그냥 무작정 '나 좀 만나달라'고 했다. 사실, 나는 열심히 기도하는 독실한 사람이었고, 추석 연휴동안 산에서 얼마의 묵

신이 쏜 불화살

상을 했었다. 정돈된 시간을 갖는 동안 어떤 마음의 결단이 생겼다. 용기를 내 전화를 한 건 그 이유였다.

당시 남편은 갑자기 쓰러지는 어지럼증에 위암 선고를 받은 상태였다. 그 바람에 그렇게나 중요하게 생각했던 신앙생활과 문화사업을 3년이나 쉬고 있었다. 그날 결단을 하고 남편을 만난 거였는데, 남편은 그날도 어지럼증으로 휘청거렸고, 결국 또 대학병원에 실려 갔다. 사실, 산에서 나 자신을 추스르는 동안 '이 사람 옆에서 할 수 있는 걸 다 해 줘야겠다'는 생각이 들었다. 그것은 신앙인으로서 신이 나에게 속삭이는 계시와도 같은 것이었다. 남편을 다시 만나기로 했을 때, 그 때는 이미 나의 결심이 선 뒤였다.

남편의 건강상의 문제가 어쩜 나를 그 사람에게 더 강하게 고착시키는 촉매제였는지도 모른다. 그리고 내가 믿고 있는 신 역시 나를 그렇게 하도록 인도했다고 나는 그렇게 믿는다.

행복할 줄 알았던 신혼여행

센터 건물을 지을 장소를 계약하고 나와 결혼을 하고 이 모든 일들이 일시에 일어나듯 자연스럽게 이루어졌는데, 사실 남편과의 고난의 세월은 그때부터 시작이었다. 신혼여행부터가 그랬다. 밖은 눈부신 해변인데, 남편은 컨디션이 괜찮은 듯 보였지만 밖으로 나가기만 하면 쓰러지곤 했다. 나의 결정이니 받아들여야 하는 현실이었지만, 처음부터 이걸 피부로 극복하기는 쉽지 않았다. 남편을 실내 침대에서 누워있으라고 하고 혼자서 모래사장을 나갔는데 재밌을 리가 없었다. 식사하러 가면 나는 배가 고프니까 피자든 뭐든 먹고 싶은데 남편 때문에 못 먹었다. 피자를 시키고 나서 얼마 있다가 또 엎어졌기 때문이다.

신이 쏜 불화살

그래서 화장실 가서 혼자서 막 울었다. 그때 남편은 막 친근하게 말할 수 있는 관계가 아니었다. 아직까지는 좀 서먹한 사이였다. 데이트를 많이 한 것도 아니고, 만난지 3개월 만에 결혼했으니깐 그럴 만도 하다. 그런 데다가 나이 차도 많이 나니까 좀 어렵기도 했다. 남편이 쓰러지면 난 혼자서 화장실 가서 펑펑 울곤 했다. 남편이 아프니까 내일 한국에 갈 테니 비행기 표를 바꿔달라는 전화를 결국 하고야 말았다. 다음 날 서울로 돌아갈 수 있도록 조치를 취했다. 그러다가 조금만 조금만 참아보자고 하며 겨우 홍콩으로 넘어와서 호텔에 누워 있다가 호텔에서 버스를 대절해서 빅토리아산으로 구경을 갔다.

그런데 그날 공교롭게 비가 주룩주룩 왔다. 비가 오는데 관광을 하기도 곤란한 상황이었다. 나의 행복하지 않은 신혼여행은 그렇게 계속 이어졌다. 사실, 그때도 어지러워하며 또 쓰러졌다. 근처에 커피숍도, 무엇도 없었다. 그래서 공원 벤치에 앉아서 우산을 받치고, 주룩주룩 내리는 비를 맞으며 처량한 시간을 보냈다. 또다른 기억에 남을 에피소드가 하나 더 있다. 신혼여행 가면서 태국 비행기 안에서 돈을 많이 갖고 다니는 마피아를 만났다. 그는 외형적으로도 우락부락한 사람이었고, 다른 사람들과의 대화 속에서 그의 신분을 이해할 수 있는 대화들이 오가는 모습을 볼 수 있었다. 좌석에 앉았는데 가운데 좌석에 마피아가 앉았고 그 비행기를 타고 가는 내내 이 남자가 계속 나를 처다봤다. 왜 처다보는지 몰랐지만, 고개를 돌려도 처다보고 신문을 봐도 처다봤다. 무서워서 남편에게 저 남자가 나를 계속 처다본다고 하니, 신경 쓰지 말라고 하는데, 그 남자는 나를 계속 처다봤다. 그러다 이제 한 시간쯤 지나서 화장실을 갔다. 그 남자는 화장실 앞에까지 따라왔다. 남편도 쫓아오고 그래서 스튜어디스를 불러서 겨우 그 상황을 정리했었다. 신혼여행이 행복해야 하는데, 희한한 일들이 정말 많이 있었다. 보기 드문 일들이 많았으니 나름 재밌었다고 해야 하나? 하여튼 우리의 에피소드는 다이내믹 했다.

신혼여행을 갔다 와서 일요일 아침에 남편이 센터에서 강연하기로 되어 있었는데 또다시 쓰러져 버렸다. 남편이 다니는 한의원으로 연락해 아침 6시에 한의사를 긴급히 요청했다. 일요일은 병원이 문을 닫아 곤란했지만, 그 한의사는 직접 찾아왔다. 그리고는 남편의 머리부터 발끝까지 침을 다 놓았다. 강연하고 나면 다시 또 쓰러지기를 반복했다. 남편은 완전히 식물인간이나 연체동물처럼 돼버렸다. 그런 세월을 3년 정도 보냈다. 지금 남편은 예전의 힘들었던 때를 극복하고 정상적인 삶을 살고 있다. 아내인 나로서는 정말 다행스러운 일이다. 신혼여행부터 꼬이기 시작한 우리 두 부부의 특이한 삶은 계속 이어질 참이었다. 나는 인내하고 참기를 반복해야 했다.

터를 찾기까지

남편을 돕는 보이지 않는 손

남편은 나를 만나기 전 문화센터 장소를 찾아 3년을 기다린 사람이었다. 그런데 신혼여행에서 돌아오자마자, 센터 팀장들이 남편에게 급하게 연락을 주었다. 남편이 마음속으로 원하던 똑같은 조건을 가진 그림 같은 곳이 있다는 것이었다. 남편 역시 공항에서 내려오자마자 딱 보고 지형적인 형태가 그대로 맞아서 바로 이곳을 결정했다.

남편은 나와 함께 신의 역사를 믿고 실천하는 매우 역동적이고 신앙에 있어 열심 있는 사람이다. 그는 자신의 신앙적 코드와 문화적 활동을 함께할 수 있는 터전을 구하기 위해 기도를 많이 했다고 했다. 그것도 아주 오랫동안 말이다. 일반 사람들은 받아들이기 힘들지 모르지만, 남편은 자신의 기도에 대한 응답을 비전을 통해 얻었다고 생각하고 있다.

큰 도로에서 오른쪽으로 올라가서, 다시 왼쪽에 조금 더 작은 도로가 있는데 그 앞에는 개울가가 있고 개울가에 다리를 건너서 조금 더 건너가면 언덕 위에 이스라엘에 있는 모세의 기념당과 같이 생긴 벽돌 기념관을 보았다는 것이다. 이것이 남편이 신을 통해 얻은 비전이라고 했다. 그걸 잊어버릴까 봐 적어두었다가 문화센터 여러 식구들에게 이야기했었는데, 우리가 신혼여행 돌아온 시점을 같이 해서 누군가 그곳을 찾아낸 것이다.

남편이 3년간 우이동, 수유리, 북한산, 도봉산, 쌍문동을 다 뒤졌다고 한다. 하지만 그런 장소는 없었다. 결국, 긴장감을 빼고 기다리자 그곳이 우리에게 나타났다. 어찌 보면 영적인 감동으로 모든 일들이 진행되었다고 생각하지만, 이 글을 읽고 있는 다른 독자들도 그리 생각할지는 잘 모르겠다. 어찌 되었건 설명한 바로 그대로의 장소를 만난 건 우리에게 있어 기적 같은 일이었다.

대한민국에 지식인이란 지식층은 다 사는 이 지역에, 아무나 들어올 수 없다는 이 땅에 우리가 찾던 그곳이 있었다. 세상 사람들은 풍수적으로 권세와 명예욕이 있는 사람들이 이 땅에 들어와서 산다고 했다. 우린 미신을 믿지는 않지만, 우리 특유의 의미를 가지고 이 땅으로 오게 된 것이었다. 이곳에 와서 보니 정말로 내부순환도로 타고 와서 큰길에서 오른쪽으로 올라와서 조금 더 큰 길에서 왼쪽인 지형인데, 작은 개울가를 건너 다리가 있고 언덕 위에 있는 지금 이 문화센터 자리에 모세의 기념당이랑 비슷한 건물이 있었다.

이스라엘 시나이 반도에 있는 산에 올라가면 볼 수 있는 모세의 기념당을 정말 빼닮은 건물이 그곳에 있었다는 건 정말이지 믿기 힘든 일이었다. 외형적으로 정말 흡사하다. 우린 아주 짧은 일 년 안에 건물을 지을 장소를 찾았고, 허니문 베이비를 신혼여행 갔다 와서 얻었다. 그리고 남편과 나는 언제나 '함께'였다. 모든 것들은 신의 축복이자 선물이었다.

글쎄 신앙이 아니라면 이걸 무엇으로 설명해야 할까? 다소 나의 이야기에 거부감을 가질지 모를 일부 독자들을 위해 나는 우리가 경험 한 것을 '보이지 않는 손'이라고 칭하고 싶다. 살면서 우린 신앙이나 각자의 신념에 의해 이런 '보이지 않는 손'을 경험하곤 한다. 신은 어쩌면 아주 멀리 있는 존재가 아니라, 우리가 손을 뻗으면 닿을 수 있는 곳에 존재하는 고마운 그 무엇 혹은 인격체인지 모른다.

내부로부터의
문제들에
대처하는 지혜

고통은 있어도 후회는 하지 않는다

사실 외부로부터의 아픔도 있었지만, 시집오고 나서 남편이 운영하던 문화센터의 내부에서의 문제가 내가 접한 첫 번째 상황이었다. 처음엔 문화센터의 사람들이 텃세를 부리는 것 같아 삶의 고달픔을 느끼기도 했다. 남편의 지지를 얻는 나에 대한 시기, 질투가 있었다. 처음에 나는 그것이 견디기 힘들어 매일 울기도 했다. 나중에 설명하겠지만, 안 그래도 문화센터 건축과 관련된 어려움이 있었던 차에 사람들 눈총까지 받으니 내 마음은 녹아내리기 시작했다. 아무 데도 의지할 데 하나 없는 외톨이 같은 기분이 들기도 했다.

나는 고민이 있어도 다른 이들에게 티 내지 않고 속으로 삭이는 편을 선택하곤 한다. 사실, 얘기할 수 있는 사람은 누구도 없다고 생각하는 게 맞다. 나는 다소 격양된 태도로 신에게 묻기도 했다. 내가 왜 여기에 시집오게 되었는지 하고 말이다. 남이 볼

신이 쏜 불화살
....

때는 시집도 잘 갔고 멋있는 남자를 만났다고 여겨졌다. 세상 기준으로 돈도 있겠다, 명예도 있겠다, 최고의 지식인이라고 여겨지는 사람이었는데… 나는 솔직히 시집와서 너무너무 고생스러웠다.

한번은 시누이를 통해 밍크코트를 선물 받은 적이 있었다. 그런데 그걸 입었다가 센터 식구들에게 바가지로 욕을 먹고 얼마나 혼이 났는지 모른다. 나는 리더의 아내였기에 모든 일들이 주목의 대상이었고, 입방아의 대상이 되었다. 나는 그 밍크를 4년 동안 안 입고 다녔다. 어쨌건 그 시기들을 잘 극복했고, 기도하는 마음으로 삶을 살았다. 눈물의 시간들은 내게 있어 연단의 시기였다. 모든 것들이 자신과의 싸움이었고 나를 훈련시키는 과정이었다.

어쩌다 나에 대한 이상한 말들이 돌면 남편은 '누가 그런 얘기 했냐'며 나를 위로하곤 했다. 누군가 나를 펀드느라고 '얘가 그랬다, 쟤가 그랬다' 식의 고자질을 하면 남편은 그를 불러다가 뭐라 하기도 했는데, 그런 것들 때문에 더 미움을 받기도 했다. 회장이었던 남편이 그렇게나 노력을 많이 하는 사람이었는데도 '회장이 왜 집에 들어 가냐? 문화센터에서 주무셔야지'하는 식의 비꼬는 듯한 말을 하기도 했다. 어처구니가 없는 상황이었다. 심지어 나에게는 젊은 여자가 시집 왔으면 '부엌에 들어와서 일해야지'하는 식의 억지를 쓰기도 했다. 엄연히 개인적인 문제였는데도 말이다. 그런 과정에서 남편은 언제나 내 편이 되어 주었다. '나는 내 마누라 사모가 솥뚜껑 운전하고 부엌에서 일하라고 데려온 게 아니다. 그러니 건들지 마라.' 남편의 태도는 언제나 그랬다. 남편의 지원으로 내 마음이 얼마나 든든했는지 모른다.

신이 쏜 불화살

남편이 변해야 했던 이유

　남편은 묵묵히 자신의 일을 하고 자신의 아픔을 외부에 발설하지 않는 사람이었는데 그에 비하면 나의 당시의 우울함은 사치라고 느껴질 정도로 작은 것 아닌가 하는 생각이 들었던 때도 있다. 사실 남편은 몇 년 동안 센터 건축과 관련된 무거운 중압감을 견디면서 성격이 많이 바뀌었다. 내 주변에 많은 사람들은 이를 두고 진짜 기적이라고까지 표현한다. 3년 사이에 나도 그렇고 남편도 그렇고 너무나 외부 사람들에게 시달리니까 성격이 변해야만 했다.

　남편은 총각 때에 있던 건강상의 문제들을 훌훌 털어 버린 듯했지만, 어느 시점부터 이제는 남편뿐만이 아니라 나까지 서울 시내 대학병원을 줄기차게 다녔다. 어느 날 아침엔가는 총각 때처럼 고꾸라진 남편을 발견하기도 했다. 그런 식의 일은 이전에 이미 만성이 되었으니까 나에게는 있을 수 있는 일상이 되었지

만, 모든 것들이 아픔과 성숙의 흔적들이었다. 남편은 자신의 건
강상 이유로라도 성격으로나 여러 가지로 변할 수밖에 없었다.

뜻하지 않은 상황들

시집을 왔을 때 문화센터에는 미혼 여성들만 삼백 명 정도의 문화센터 내부의 영향력 있는 파워 그룹들이 있었는데 모두 내 또래의 여성들이었다. 그러다 보니 그 그룹의 리더인 남편의 부인은 시기의 대상이 될 수밖에 없었다. 명문대 졸업한 사람들, 미인들도 많았다. 그런데 어디서 새로운 동갑내기인 내가 나타난 것이다. 자신들과 비슷한 젊은 세대고 시골에서 고생한 사람처럼 보이지 않았기 때문에 나는 자꾸만 공격의 대상이 되었다.

그러다가 분위기가 반전되는 일이 있었다. 그 일은 다름 아닌 병마로 고생하시던 아버지께서 돌아가시게 된 일이었다. 장례 때문에 전라남도 신안군 하의도까지 센터 식구들이 오면서 사람들은 나에 대해 더 많이 알게 되었다. 나름 고생을 많이 한 사람이었고, 외적으로는 새초롬해 보이지만, 실제로는 수수한 시골 출신이라는 걸 알게 된 것이다. 나에 대한 질투심은 그렇게 조금씩

수그러들기 시작했다. 어려서부터 물동이 지고 와서 다른 사람을 섬기기 위해 물걸레질까지 하며 자란 것을 그들도 알게 되었다. 어려서부터 교회를 다니며 신실한 마음가짐으로 소달구지 밭을 매고, 배 타고 학교 다녔던 살아 있는 내 현장 모습을 보게 된 것이다. 그 시절 나는 바람 불고 폭풍 오면 학교도 못 갈 정도로 힘든 상황에서 공부를 한 사람이었다.

처음엔 나를 좋지 않게 보는 사람들이 '구박을 하는 건가?' 생각하며 서러운 느낌도 들었다. 하지만 참고 기다리면 나의 입장을 대변할 수 있는 적절한 시기는 오는 것 같다. 굳이 그들을 탓할 필요가 없었다. 대항하는 건 옳은 일이 아니라고 생각했다. 어쨌든 나는 남편과 결혼한 이상 주변의 그들과 생사고락을 함께 해야 했다. 리더의 아내로서 훌륭한 모범을 보여야 하는 것 또한 나의 몫이었다.

우리가
하는 일은

남편의 천생 배필

남편과 친밀한 어떤 분이 그런 말을 했다고 한다. "당신은 비행기랑 기계는 다 준비되었는데 가슴을 뜨겁게 달궈줄 엔진의 역할을 할 수 있는 여인이 필요하다"라고 말이다. 남편이 건강했더라면 결혼할 필요를 좀 덜 느꼈을지도 모른다. 하지만 건강이 너무 안 좋아지자 자신을 도와줄 천생 배필이 필요하다는 생각을 하게 되었다고 한다.

남편 역시 전에는 결혼을 그다지 실제적인 것으로 생각하지 않았던 사람이었다. 그랬던 사람이었는데, 한 해에 문화센터와 아내, 그리고 자녀가 함께 주어졌다. 남편으로서는 이 모든 것들이 신의 선물이었다. 1년 안에 세 가지가 과연 가능할까 싶지만 그런 일은 실제로 일어났다.

남편이 이미 큰 커뮤니티의 리더인 것은 확실했다. 하지만 그 커뮤니티를 담을 장소가 당시엔 절실한 상황이었고, 남편의 절실

신이 쏜 불화살

함이 결혼과 함께 이루어지는 모습을 나는 곁에서 보았다. 늘 감사함으로 일상을 대하는 남편에게 이것은 축복이라고 할 수 있었다.

우리 부부가 살아가는 방법

어떻게 보면 현재 우리가 하는 일은 지역 봉사이고 인류를 위한 봉사라고 할 수 있다. 우린 국내뿐 아니라, 외국에서 문화 활동을 벌이고 있다. 그런 방법으로 사람들에게 살아 있어야 할 이유를 알려주고 삶의 아름다움을 이야기한다. 앞으로 우린 다문화 가정을 위해서도 많은 일을 하려고 한다. 사실, 우리 문화센터는 외부 행사들이 많은 편이다. 이곳 위치가 어떻게 보면 문화센터로서는 외진 편인데, 우리와 연결되어 있는 식구들은 버스, 전철, 자가용을 이용해서 이 먼 곳까지 우리와 뜻을 함께하기 위해 온다. 전국 곳곳에서 이곳으로 오는 식구들을 생각하면 늘 고마운 마음이 든다.

해외까지 나가서 문화 활동을 펼치는 문화 모임으로서는 아마 우리가 가장 광범위한 활동을 하는 것으로 생각된다. 97년도에 30명으로 시작한 문화센터였다. 2, 3년 내에 우리의 규모는 천

명을 돌파했다. 반면, 새롭게 멤버가 교체되기도 했다. 우리는 전에도 그랬고 지금도 가정의 유대를 최고로 생각하고 있다. 우리 멤버들 중에는 가족 단위의 멤버들도 많이 있는데, 현장학습을 많이 나간다. 청와대, 역사박물관 같은 곳 말이다. 아이에게 있어 부모와 같이 어울릴 수 있는 시간은 정말 소중하다.

가족 간의 유대를 통한 행복은 아무리 강조해도 지나치지 않은 부분들이다. 여기에 가치관과 문화는 매우 요긴한 도구가 될 수 있다. 부모들이 문화적인 것들을 함께 하기 위해 시간을 보내는 것은 물론, 성경이나 경전 같은 수단들에 의한 가치관을 자녀에게 심어주는 것은 바르고 맑은 사회를 만드는 초석이 될 수 있다고 여긴다.

10년 간의
전쟁

전쟁이 일어난 계기

남편은 3년 동안 병원을 수시로 들락거렸다. 이비인후과 약도 먹고, 한약도 먹었다. 집에는 약만 한 보따리가 있었다. 조금만 배가 아파도 병원을 가곤 했다. 그만큼 남편은 스스로를 조심해야 했다. 거의 하루에 한 번씩 병원에 갔던 거 같다. 실은 어지럼증 외에 위암이 더 문제였다. 남편은 배가 딱딱해서 '핫팩'을 늘 달고 살았다. 정상적으로 눕거나 앉아서 잠을 못 자고 등을 대고 자야 했다. 처음에는 휠체어를 끌고 다닐 정도로 힘들어 했다.

남편은 나를 하나님이 보내 주신 사람이라고 하곤 한다. 신기하게 나를 만나고 난 후 남편은 건강상의 문제가 급호전되었고 정상적인 삶을 살 수 있을 정도로 상태가 좋아졌다. 하지만 적어도 3년 동안 나는 시집와서 매일같이 울며 지낼 수밖에 없었다. 임신하고도 하루에 4시간씩 남편 회복을 위하여 기도하곤 했다. 서로를 잘 알지 못했던 우리는 그렇게 참고 인내하는 방법으로

신이 쏜 불화살

서로를 알아갔다. 물론 서로가 이해 안 되는 부분도 있었다. 그렇지만 나는 나의 삶을 받아들이기로 했다.

사실 건강 문제가 다는 아니었다. 결혼 생활 10년 동안 나는 남편과 대화할 시간이 많지 않았다. 마음과 정신이 너무도 바빴다. 문화센터의 보금자리라고 생각했던 곳은 이 지역 기존에 있던 건물을 리모델링 형식으로 보수한 곳이었는데, 우리 문화센터를 탐탁지 않게 생각한 사람들이 이전 건물의 기록이 불분명하다는 이유를 들어 불법 건축물 시비를 걸었기 때문이다(이 부분은 이후에 이어지는 부분들을 통해서 자세히 설명할 것이다).

전쟁의 서막

처음에 우리가 이 건물 사가지고 왔을 때는 주위 사람들이 그래도 우리를 괜찮게 봤다. 리모델링 할 당시, 이 건물은 너무나도 낡은 건물이었다. 30년이 넘은 건물이라서 지붕이 다 날아가고 구멍이 뻥뻥 뚫려서 비가 다 새고 있었다. 그래서 리모델링하기로 결정했다. 옆에 집 한 채가 있었는데, 과거에 그곳은 정신병자들을 쇠사슬로 묶어서 지하에 감금했던 자리였다. 창고 같은 경우는 썩은 시체 냄새가 진동하는 곳이었고, 역시 사람을 수용하던 곳이었다.

처음에는 부모나 형제들이 여기가 수도원이라고 해서 가족들을 맡기기도 했다. 하지만 안 찾아오고 데려가지도 않았다. 여길 운영하던 노부부가 감당이 안 됐던 것 같다. 노부부는 사람들이 도망갈지 모르고, 정신병자니까 맘대로 행동할 수 있다는 염려를 했다. 누굴 때리거나 불을 지를지도 모를 일이었다. 그래서 못

신이 쏜 불화살

도망가게 말뚝을 박아서 쇠사슬로 발을 묶어두었다고 한다.

아마 정말 감옥처럼 그냥 밥만 주고 사람들을 수용하기에 바빴던 것 같다. 방마다 전부 쇠사슬이 있었던 것 같았다. 썩은 냄새 가득한 황폐한 것들로 가득한… 우리가 왔을 때는 그런 상황이었다. 지하로 가려면 무서워서 그냥 들어갈 수도 없었다. 전기가 없어서 이곳을 드나들려면 촛불이나 불을 밝히고 들어가야 했다. 조그만 후레쉬 하나를 구해서 들어가서 봤더니 정말 흉측한 곳이었다. 그런 상황이었기 때문에 우린 그곳을 가서 보고 놀랐다.

여기 마당엔 옛날 재래식 화장실이 있었다. 나무로 널판지를 대고 대변을 보고 그냥 뚜껑 덮어 놓는 식이었다. 냄새가 진동하고 파리들이 얼마나 들끓던지… 그런 데다 바로 뒤 옆에는 철망으로 다 막아놔 누구도 나갈 수도 없고 들어올 수도 없도록 해 놨다. 어떻게 이런 곳이 있을까 놀라웠다. 음산하게 누가 지나가면 귀신 나올 정도였다.

정신병자들이 죽기도 하고 고생을 하던 곳이라 세상 말로 한이 서려 있을 것 같은 곳이었다. 우리는 거기를 완전히 헐어 버렸다. 헐어 버리고 기존에 있는 건물과 같이 합치려고 했다. 어차피 이 쪽 집과 문화센터가 번지수가 같고 건물이 붙어 있었기 때문에 그것은 그리 문제가 되지 않는다고 생각했다.

그랬던 이곳을 헐고 다시 지으려 한 것인데, 지대가 암반이 많았다. 건물을 짓기가 너무 힘든 장소였다. 땅이 바위와 암반으로 이루어져 있었고 너무 강암이라서 팔 수 있는 대지도 아니었다. 건축하기 위해서는 발파을 해야 하는데 이 지역은 국립공원으로 발파할 수 없는 지역이다. 결국, 무소음, 무진동으로 해야 하는 상황인데 기곗값 따로 하고, 천공 하나 하는데 1백만 원 정도가 들어갔다. 하지만 하루에 암반 구멍 하나를 파지도 못했다. 기계가 돌아가질 않았다.

땅을 파고 고르기를 시작하자 주위에서는 납골당 하려고 땅을 파고 있다는 소문이 돌았다. 나중에 안 사실이지만 이런 소문은 악의적으로 누군가가 퍼뜨린 것이었다. 시끄러우니까 우릴 못 들어오게 방해하려고 납골당 한다고 거짓 유언비어를 만들어서 주민들을 다 모았던 것이었다. 현수막을 만들어 걸고 "납골당이 웬 말이냐!" 하면서 반대 운동을 시작했다.

사실 납골당은 우리랑 아무 상관도 없는 것이었다. 이 좁은 곳에 문화센터 하기도 힘든데 무슨 납골당을 하겠는가? 어이없는 일이 벌어진 것이다. 동네 주민들은 자기들끼리 입을 맞춰서 납골당을 짓는다고 우리를 모함하기 시작했다. 처음에는 평이 나쁘지 않았다. 우리가 문화센터 짓는다고 해서 동네 주민들이 좋아하는 모습까지 보였다. 그런데 기존의 지저분하고 흉측한 시설을 헐어버리자 사람들이 돌변하기 시작한 것이다.

할 수 있는 것은 눈물과 기도뿐

　반대는 계속해서 심해졌다. 다른 것으로는 동네 사람들을 동원하기 어려웠는데 납골당을 한다는 유언비어 거짓말을 만들어 주민들을 동원해서 반대 운동을 한 것이었다. 동네 사람들과 생각지 못했던 마찰이 생기기 시작했다. 우리 문화센터 사람들을 불러다가 호통치면서 방해하고 자기들 차로 길을 막아 공사 차량이 못 올라오게 하였다. 정말 말도 못하게 많이 고통스러웠다.

　그때가 내가 큰 아이를 낳고 나서 약 3개월 정도 되는 무렵이었다. 그래서 나는 그들과의 충돌 속에도 많이 개입할 수 없었던 상황이었다. 완전히 이주도 하지 않은 상태에서 철거만 진행하기 시작할 때 발생한 일이었기 때문에 그런 반응들은 더 황당할 수밖에 없었다. 동네 사람들이 마구 몰려오고 자기들끼리 매일 모여서 우리들을 못 들어오게 하려고 대책 회의를 하기 시작했다. 우리 문화센터를 도와주는 사람들은 동네에서 쫓아낸다고 하며

신이 쏜 불화살

완전히 왕따시키고 집집마다 방문해서 사인을 받았다. 자기들끼리만 해서 안 되겠으니까 변호사를 사겠다고 한 집마다 몇십만 원씩 걷어서 변호사를 선임하고 법적인 소송 절차를 밟아가기 시작했다.

매일 재판에 끌려다니니 남편과 사적으로 대화할 시간이 많지 않았다. 아이를 임신했을 때도 남편은 매일 밤 1시나 2시가 되어서야 집에 들어왔다. 가슴이 아팠다. 경험 없이 큰 재판을 대하려니 여기저기 변호사 알아보고 하는 통에 우린 정신없이 10년을 보냈다. 대법원까지는 고사하고 고등법원에선 우리가 원하는 답이 나올 것이라고 생각하고 있었다. 그때 법률 과정에 대해 전혀 몰랐으니까 당장 전력을 다해 온 힘을 기울인 것이다.

당연히 우리도 대응해야 했다. 변호사를 선임하는 등의 대응 조치를 취했다. 관련 기관에서는 계속 담당자들이 왔다 갔다 하는 일이 잦았다. 어느 정도 리모델링 공사가 진행되면 와서 때려부수고 가고, 관련 기관에서는 지속적으로 와서 우리가 하는 공사를 방해하며 이런 저런 조건을 깐깐하게 들이대는 일이 반복되었다. 건물 공사 하나하나에 대해서 관련 기관과 주민들이 사사건건 마찰을 일으켰다.

심지어 밤 시간에도 공사 현장에 와서 이것저것 사진을 찍었다. 문제가 될 소지가 있는지 하나하나 꼬투리 잡으며 우리를 괴롭혔다. 남편은 주민들과 대화를 통해 사태를 풀어 가길 원했다. 주민들과 대화의 시간을 갖기도 했다. 주민들에게 감사하다는 말과 불편을 드러서 죄송하다는 말도 드리고, 오해가 생긴 부분을 설명하려는 노력을 기울였다. 주민들 대표자 10여 명 가운데는 건축 관련 일을 하는 사람들이 몇 명 있었다. 법률 조항 하나하나를 언급해 가며 우리에게 항의했는데 우린 듣고 있을 수밖에 없었다.

중간 중간 한 달씩 공사가 중단된 일들도 많았다. 우리들이 할 수 있는 것은, 우는 것과 기도하는 것밖에 없었다. 주민들 대표들과 계속된 갈등으로 공사는 진전이 없었고, 임시로 펜스만 쳐 놓고 그러다가 텐트를 치고 문화센터 업무를 보기도 했다.

고난은 필연이었을까?

　사실, 주변의 반대가 심했던 것은 이곳이 문화센터의 역할만한 건 아니기 때문이었다. 남편은 어려서부터 독실한 기독교인이었고 이곳을 '신앙의 터전'이자 문화센터로 가꿔 나가고 있었다. 남편과 내가 보금자리를 건축하고 정성을 쏟는데 그토록 인고의 세월을 보낸 이유도 단순한 문화적 차원이 아닌 신념과 믿음, 그리고 마음으로부터의 내적 요소들이 결부되어 있었기 때문이다.

　이렇게 문화센터 리모델링과 재건축 사이에서 이중고를 겪게 된 계기가 있었다. 남편은 처음부터 문화센터 건축에 대한 야심은 없었다. 단지 이스라엘에서 보았던 모세의 제단처럼 이곳이 느껴졌기 때문에 그냥 낡은 건물을 수리해서 문화센터로 사용하고자 했던 것이다. 이런 과정 속에 우리 안에 아픔이 생겼다. 문화센터를 4번이나 옮겨 다니면서 5년간 지쳤고, 10년 간의 문화센터 리모델링 허가권으로 인한 법정 소송으로 지쳤고, 문화센터 건축을 하기 위한 재정적 부담감이 있었다. 이런 복합적인 요인들 때문에 센터 멤버들도 많이 지쳐 했다.

나중에 건물이 허물어지고 나서 바로 이곳이 역사적으로 의미 있는 장소라는 사실을 알게 되었다. 역사적인 순교지였다. 사실, 처음에 이곳으로 오게 될 때는 이곳이 50년 이상 된 순교자들의 피땀이 어린 곳이라는 사실을 몰랐다. 그런데 리모델링하면서 땅을 파고 암반 때문에 어려움을 겪으면서 그 사실을 알게 되었다. 이곳은 예전에 순교자들의 피가 어린 땅이었다. 이곳의 과거 기록들을 수소문해서 찾았고 한탄강 지역에 초기 문화센터를 운영했던 분들을 찾아서 만나봤다. 그분들의 수기집들을 자료조사하면서 그렇게 이곳이 순교자들의 터라는 사실을 알게 되었다. 그래서 우리가 들어왔을 때부터 그렇게 핍박도 심했고 압력도 심했었나 하는 생각이 들기도 했다.

앞서 언급했듯, 당시에 남편은 이집트 시나이반도 시내산에 있는 모세 기념관 같은 터전을 생각하고 있었다. 결혼 전부터 남편이 환상으로 봤던 산 밑에 그와 유사한 모양의 건물을 찾았었는데 여기저기 아무리 찾아봐도 못 찾다가 결국 찾아낸 곳이 이곳이었다.

이렇듯 이곳은 평범한 곳이 아니었다. 우리가 겪어야 했던 범상치 않았던 시간의 역경은 바로 과거부터 이어져 오고 있었던 것인지도 모른다. 그리고 그 역경은 우리를 강하고 놀라운 존재로 만들어 주고 있었다. 순교의 피를 이어받고, 불을 이어받고… '그래서 그 과정이 이렇게 길었구나!'하는 생각이 들었다.

그러는 와중에 나는 애를 낳았고, 남편은 산모와 아이를 볼 사이도 없이 바쁘게 세월을 보냈다. 문화센터 건립을 위한 우리의 속절없는 고난의 시간은 결혼 생활, 그리고 아이들이 태어나 자라나는 시간과 맥을 같이 하고 있었다. 그러했기에 우리 부부는 단란하다고 하는 주변의 다른 부부의 삶과는 많이 달랐다. 10년 동안 아이를 안아 본 기억이 별로 없을 정도로 문화센터 관련 일에 붙들려 있었다. 내 경우엔 아이를 낳고 몸조리도 제대로 하지 못했다.

도를 넘는 잔인한 시련

문화센터 리모델링 당시, 주민들은 합법적 건축 활동들을 교묘하게 방해했다. 문화센터 입구에 폐차 하나 갖다 박아 놓고는 부분적으로 허가받아 진행하는 공사도 방해하는 볼썽사나운 행동을 했다. 방해 차량을 신고해도 한참이 지나서야 철거를 해갔다. 공사를 지연되게 하기 위한 목적이었다. 그들은 우리가 지쳐서 포기하기를 바랐던 것 같다.

리모델링을 위해 살며시 암반을 파기 시작했는데, 주민들 중 일부는 소음 측정기를 가지고 와서 달그락거리는 기계 앞에서 측정하기 시작했다. 90 데시벨 정도가 나왔다. 결국, 드릴로 암반을 파지 못하고 사람이 와서 망치질하는 방식으로 암반을 깎아 내리기 시작했다. 정말 기막힌 노릇이었다. 심지어 사람의 망치질도 문제로 삼아 우린 그 위에 카펫을 치고 정을 때릴 수밖에 없었다.

공사 기간은 상상을 초월할 만큼 길어졌다. 너무 황당할 정도의 간섭과 민원이 제기되었다. 터줏대감처럼 버티고 있는 권력가들에 의해 그 모든 게 정상인 양 먹혀 들어간 것이다. 무슨 사업장이나 대형 건축물도 아니었건만, 주변의 간섭과 방해는 작은 피아노 소리에 경찰서 신고가 들어갈 정도로 지나치고 치졸했다. 카펫을 깔고 암반을 깎아내려가는 방식의 공사 때문에 공사비는 천문학적인 수준을 넘어갔다. 누적된 공사비가 자그마치 20억 원이 소요되었다. 그렇게 고생해서 만든 새 건물을 대법원까지 가는 소송으로 패소해서, 그것도 '우리 손'으로 허물었을 때의 상실감과 절망감은 정말이지… 경험하지 못한 사람은 모를 것이다.

주변의 질시와 반대, 그리고 방해는 도를 넘은 수준이었고, 우리에게는 더할 것 없는 잔인한 수준의 것이었다.

갑작스러운 사건이 고난의 열을 식히다

그러던 중 사회적으로 엄청난 사건이 벌어졌다. 국내 최대의 연쇄 살인사건으로 기록된 유영철 연쇄 살인사건이 문화센터 근처 지역에서 발생했다. 2003년 10월 9일 유영철 연쇄 살인사건 중 하나가 문화센터 앞 주택에서 벌어져서 온 동네가 발칵 뒤집어졌다. 주민들 사이에서는 문화센터가 주민들에게 원한을 품고 일을 벌인 것인가 하는 의견들이 잠깐 있기도 했다. 경찰은 문화센터 멤버 한 사람, 한 사람의 신발 자국이며 인상착의를 조사해갔고, 3년간의 문화센터에서의 기록 내용들을 전수 조사하기도 했다. 남편은 검찰청에 불려가 굴욕적인 조사를 받기도 했다. 너무나 끔찍한 사건이었다.

모두가 두려워하는 가운데 조사를 받았지만 결국 문화센터와는 아무런 상관이 없다는 것이 밝혀지면서 주민들은 우리에게 미안한 마음을 갖게 되었다. 유영철이라는 범인의 출현으로 문

신이 쏜 불화살

화센터 사람들을 건드리면 안 되겠다는 마음이 생겼다. 너무나 끔찍한 사건이 바로 문화센터 앞집에서 일어났고 피해자였던 그 집은 우리를 열렬히 반대하던 집 가운데 하나였다.

그 일을 계기로 문화센터와 지역 주민들과 갈등이 조금 해소되는 듯 보였다. 적어도 전화위복의 계기가 되었던 것 같다. 근 10년 간의 법정 싸움으로 1차, 2차, 3차 재판을 통해서 마침내 대법원 최종판결까지 너무나 힘든 시간을 겪었다. 이곳저곳을 옮겨가며 업무를 봐야 하는 상황들, 공사 때문에 어려웠던 순간들, 물리적으로 도저히 할 수 없어서 포기하고 싶었던 순간들, 두 번에 걸쳐 공사를 담당한 건축 관련 회사의 부도와 무책임한 회피, 주민들의 강력한 항의 속에 거친 말들로 가슴에 비수처럼 꽂힌 수많은 화살들, 이 모든 힘겨웠던 시간들은 평생 잊을 수 없는 기억이었다.

뚝심으로 버티다

이스라엘 백성, 그러니까 지금의 유대인들이 약속의 땅에 들어가기 전에 광야 생활하는 스토리가 성서에 있다. 꽤 흥미로운 이야기인데, 어찌 보면 문화센터 식구들 역시 법적인 문제를 치르는 10년 동안 광야 생활을 한 거나 다름이 없었다. 건물을 임차해서 이리저리 옮겨 다니기를 여러 번 했다. 그러면서 느낀 스트레스나 설움도 만만치 않았다.

전 세계에 문화를 사랑하는 문화 단체가 이와 같은 어려움을 겪었다고 하면 누구도 믿지 않을 것이다. 그건 종교 단체나 일단 이익 집단도 마찬가지이다. 수많은 단체와 커뮤니티들이 있다가 사라지지만, 자신들이 사용할 장소와 건물을 두고 이 같은 씨름을 벌인 사례는 일찍이 없었다.

우린 그렇게 '광야 생활'이라고 할 수 있는 떠돌이 생활을 해야

신이 쏜 불화살

했다. 불광동에 있는 '팀 수양관'으로 우리의 모임 장소를 옮겼었는데, 센터 관련 업무 사용료로 하루에 100만 원을 내고 의무적으로 4,000원가량의 식사를 그곳 식당에서 사 먹으며 그곳을 이용해야 했다. 사용료가 비쌌기 때문에 우린 첫 번째 실패했던 시도를 만회하려고 두 번째로 건축을 시도했다(다음 소제목 부분에서 그와 관련한 자세한 부분들이 나온다).

우린 떠돌이 생활을 하며 문화센터 활동을 할 수밖에 없었다. 작은 커뮤니티가 아니었기 때문에 1년마다 옮기는 일을 반복할 수밖에 없었다. 우리 멤버들을 비롯해 나도 그리고 남편도 지칠 만한 상황이었다. 7년을 싸웠고, 또다시 1년, 2년… 10년째 지루한 시간을 보내고 있다. 우리의 보금자리 건축물 때문에 말이다.

외부 장소를 임차해 문화센터를 옮길 때마다 식구들이 떨어져 나갔다. 그들도 지친 것이다. 사실 어떤 사람들은 남편과 나를 욕하고 문화센터를 나가기도 했다. 재판 과정에서 지친 멤버들이 센터가 이사갈 때마다 우리 울타리를 떠나가는 모습이었다. 그 기간이 5, 6년 정도 되고, 이사를 다니면서 식구들이 나가는 상황은 반복되었다. 사람들은 모두 지쳐갔다. 하지만 나는 그걸 이해하려고 한다. 너무나 힘들었을 그들… 그들에게는 정들었던 이곳을 나갈 자기 합리화의 명분이 필요했을 것으로 생각한다.

그러니 욕을 하고 나간들 그건 남편과 내가 짊어져야 할 짐이라는 생각이 든다.

힘든 시기에 센터에 여자 멤버 한 분께서 나에게 "사모님 3년만 참으세요. 그러면 남들이 사모님을 알아 줄 때가 분명 올 겁니다"라며 나를 위로해 주었다. 그 말을 들으니까 감사하고 고맙고 눈물이 펑펑 났다. '참겠다'고 말하고 이를 악물고 버티면서 지금껏 참아 왔다. 지난 세월은 바로 그런 인내의 반복으로 점철된 시간이었다.

매일 밤 센터에 와서 울었다. 밤 12시고 새벽 1시고 나에겐 상관이 없었다. 그냥 센터에 와서 살았다. 만삭 된 배를 안고 울면서 기도하는 그 모습을 보고 뒷자리에 앉아 있던 어떤 청년은 나를 위해 시를 짓기도 했다. '밤새 우는 여인의 저 아픔, 저 가련함을, 저 외침을 신께서는 아시지 않냐고 듣지 않냐고' 하는 내용의 감동적인 시를 써 주기도 했다. 액자에 담아서 내게 주었는데 아직도 잘 간직하고 있다.

나도 그렇지만, 남편은 정말 인내심이 대단한 사람이라는 생각을 한다. 우린 뚝심 있게 버텨 나갔고, 그렇게 '오늘'을 만들어 냈다. 이 순간 행복해 할 수 있는 특권은 우리의 것이다.

이 지루한 싸움은 언제 끝나는 거지?

　두 번째 건축과 관련해 있었던 힘들고 안타까웠던 일들을 좀 떠올려 보려고 한다. 우선 이전 첫 번째 업체와의 일은 이랬다. 당시 우리는 설계를 직접 하기로 했다. 우리 부부는 어떤 일을 하기 전에 항상 먼저 깊이 숙고하고 오래 검토하는데, 설계와 공사에 대해서는 절대로 센터 식구들과 상관없는 외부 사람들만 쓰기로 결정했다. 왜냐하면, 식구들의 도움을 받을 경우 여러 면에서 맹점이 발생할 수 있는 위험 요소를 안고 있기 때문이다.

　센터 멤버들 안에는 설계사도 있고 건축과 관련된 사람들도 있었지만, 남편과 나는 절대로 그들을 쓰지 않기로 의견을 모았다. 센터 사람들을 쓰게 되면 시작하면서부터 그들과 문제가 생기면서 멀어지고 결국 그들은 센터를 나갈 것이고 결국, 센터에 큰 문제가 생길 것이라는 생각에서였다. 그래서 남편은 그렇게 식구들에게 광고를 하고 알렸다.

그런데 아니나 다를까, 센터에 설계하는 분이 있었는데 그분들은 자기들이 이것을 하겠다고 했다. 하지만 안 된다고 해서 그분들이 아는 분들을 소개해서 그들과 약 2억 원에 계약했다. 사실 알고 보면 우회적으로 자신들이 이 일을 한 거나 다름없는 상황이었다. 그 당시에 내가 애를 낳고 난 직후라 직접 관여를 안 했고, 센터 임원님들이 계약을 다 했지만 두 달 정도 시간이 지난 후에 그 사람이 도망가 버렸다. 우려했던 일이 벌어진 것이다.

그런 상황에서 두 번째 설계하려고 했는데, 우리 센터 이사님이 자신이 설계하겠다고 계속 사정을 했다. 이 분이 이렇게 간절하게 원하니까 이분에게 일을 맡기자고 나중에는 결론이 났다. 만일 그분의 요청을 들어주지 않으면 고민하다 센터를 나갈 것 같다는 우려가 있었기 때문이었다. 너무나 간절하게 요청을 했고, 어떤 때는 거의 반 협박처럼 느껴지기도 했다.

남편은 '내가 그렇게 광고를 하지 않았느냐?', '우리 센터의 설계를 하는 사람들을 절대로 사용하지 않는다고 하지 않았느냐?'라고 다시 언급하였다. 그런데 다음 날에 다른 직원들까지 몰려와 우리 센터니까 이사님에게 설계를 맡기자고 또 간절히 부탁하는 것이었다. 그래서 남편은 마지못해 허락을 했다. 그러면서 경고하기를 '우리 센터 관계자들이 참여하게 되어 문제가 발생할 경우 어떻게 할 거냐'고 따져 물었다. 그들은 '절대로 그런 일이 없을 것이다'라고 다짐을 했다.

그래서 진행을 하기로 했고 나중에 설계도 관련 자료를 밤중에 팩스로 남편에게 보내 왔는데 딱 보니까 컨테이너 박스 두 개를 엎어 놓은 단순한 모양이었다. 그 동안 구청과 많은 조율을 하고 난 후 최종적인 설계도면 관련 컨펌을 하는 과정에 남편이 '이건 센터 설계와 맞지 않아. 안 된다'고 반려를 했다. 그러자 설계를 담당했던 분은 마음이 편치 않은 상태가 되었다. 이미 그 순간 관계가 어긋나기 시작했다.

설계 관련해서는 소방, 전기 등의 각 담당 부처들과 연결이 되어 있고 각각 작업 관련 비용을 지출해야 한다고 했다. 결국, 돈이 다 우리 수중에서 나가게 되었고, 남편이 우려하던 일들이 벌어지고 말았다. 또 다른 비용 명목으로 5,000만 원 정도 가량이 추가로 지출되어야 할 상황이었다. 결국, 설계 관련 진행 사항을 무효로 하고 어느 정도 시간이 지났다.

우린 이전에 있던 센터 건물 철거 후 자투리 공간을 활용해서 부족한 대로 우리의 살림살이를 꾸려 나갔다. 철거 대상이 아니었던 3층 건물의 공간이 부족했지만, 그곳에서 업무를 보며 얼마

동안의 시간이 지났다. 그러면서 다시 건축 일을 담당할 업체들을 찾아야 했고, 마침 센터의 공연 리더 분께서 설계 관련 회사에 근무한다는 사실을 알게 되었다. 이 분은 자기 회사가 여러 건물들을 많이 설계했다고 말했다. 이 분이 운영하는 게 아니라 근무하는 직원이었기 때문에 우린 이 분을 통해 접촉해 보기로 했다.

꼼꼼하게도 여러 업체들의 비교견적을 함께 받았다. 결국, 센터 리더 분께서 근무하는 회사와 계약을 했다. 그 후 계약한 회사의 소장이 현장에 약 한 달간 머무르면서 사전조사를 시작했다. 그런데 이번에도 현장에 와 있던 소장으로부터 그 회사가 부도났다는 사실을 알게 되었다. 그 소장이 회사에 들어갔더니 회사 대표가 돈을 가지고 어딘가로 도주했다는 것이었다. 결국, 첫 번째 업체, 두 번째 업체가 부도로 센터 건축을 할 수 없는 상황이 되고 말았다. 상황이 이 지경이 되니 우린 새로운 건축에 대한 의욕을 확 잃어버릴 수밖에 없었다.

그 전에 센터 철거를 할 당시, 이행강제금으로 4억7천 정도 벌금이 나왔었고, 두 번에 걸쳐 설계 관련 업체와의 관계를 통해서 절망감이 들자, 센터를 건축할 생각이 없어졌다. 이런 일과 관련해서 정나미가 떨어졌고, 그냥 이곳을 떠나고 싶었다. 그래서 이곳을 팔려고 매물로 내놓기도 했었다. 사실, 건축할 땅조차도 보기 싫었다. 우리가 믿던 처음에 일을 담당했던 리더는 일을 잘못했다는 이유로 식구들에게 강하게 질타받고 결국 센터를 나갔다. 같은 목표를 갖고 뭔가를 시도하던 사람들에게 이렇듯 상처를 받게 되었다. 이후에 소장으로부터 안 사실은 소개를 한 분이었던 당시 리더는 회사로부터 몇천만 원가량의 수수료를 받았다는 것이었다. 그 사실이 들통 날까 봐 도망간 사장이 어디에 있는지 알았지만 모른 척하고 있었다고 했다.

여러 가지 방법이 있었지만 도망간 대표 사장은 결국 찾을 수 없었다. 도저히 센터 건축을 할 수 없는 상황이었다. 당시에 우리가 사는 상황은 마치 지옥에 있는 것 같았다. 그렇게 두 업체가 부도내고 도망갔다.

결국 포기해야 하는 건가?

센터 건축 부지를 조심스럽게 비밀리에 팔려고 내놨다. 많은 사람들이 보러 왔지만, 가격을 너무 싸게 깎으려고 해서 매각할 수 없는 상황이었다. 그래서 우리는 매각을 반쯤은 포기하고 역촌동으로 이사해서 센터 일을 계속했다. 역촌동에 5층짜리 건물을 임대해서 업무를 보았는데 우리가 4개 층을 사용했고, 아래 층에 식당이 있었다.

그 당시는 나는 몸도 마음도 많이 쇠약해 있었다. 그만큼 나는 삶이 우울하다고 느꼈다. 역촌동으로 이사 온 후에 센터 건축은 도저히 못 하겠다는 심정이 굳어져 가고 있었다. 그러다 차 사고로 상황을 다시 검토하는 일이 있었고 일단 상황을 순리에 맡기고 지켜보기로 했다.

재판의 지루함 때문이었을까? 센터가 힘들어지자 한두 명도 아니고 무리 지어서 나가는 일이 많아졌고, 일 년에 300명도 넘게 식구들이 바뀌기도 했다. 밖에 나간 멤버들은 남아있는 식구들에게 그 센터 빨리 나오라고 하기도 했다. 뭐가 진실인지 모르는 식구들은 술렁이기 시작했고, 여성 홍보회 남편들도 서로서로 모여서 술렁거렸다.

무릎을 꿇고 눈물을 흘리면서 나가지 말라고 나를 낮추었던 것은 바로 그 무렵 있었던 일이었다. 제발 여기 있으라고 그동안 고생한 거 아는데 남편과 함께 어려운 시기를 함께 버텼는데 지금은 여기 있어 달라고 부탁을 했다. 심지어 "차라리 제가 남편과 이혼하고 나갈게요. 여기 계세요"라고 말하기도 했다. '당신들은 처음부터 이 센터 개척 당시부터 계셨던 분들 아니냐, 차라리 내가 이혼하고 나가겠으니 여기 계세요.' 그렇게 치맛자락을 잡고 울면서 사정을 했다. 그런데 사람들이 마음이 한번 뜨자 아랑곳하지 않았다. 그들은 결국 센터를 떠났다.

상황이 너무나 힘겹게 여겨지자 나는 '결국 포기해야 하는 것일까?'하는 생각을 하게 되었다. 그러는 중에 아는 기자에게서 연락이 왔다. 그전부터 계속 우리 문화센터에 대해서 기사를 쓰고 싶다고 했지만 별로 맘에 안 들어서 이 사람에게 기회를 주지 않았었는데 이날 전화가 온 것이다. 20일간 단식을 해서 힘이 없었던 탓이었을까? 역촌동 약속 장소로 들어가는 지점에서 사고가 나고 말았다. 내가 운전하던 소렌토가 지하철 환기구 구조물에 돌진해서 그대로 충돌하고 말았다. 충돌 후 깨어났는데 에어백이 터져 내 얼굴을 가리고 있었다. 내가 탄 차량은 그야말로 대파가 되었다.

어느 순간 난 병원에 실려 가고 있었다. 당시 지난 세월이 너무 한스럽고 힘들어서 건물을 짓지 않겠다고 결심하고 그 사람을 만나러 가는 중에 사고가 난 것이었다. 그 일이 있고 나서 나의 그런 '중도 포기' 식의 생각을 다시 하게 되었다. '어떻게 여기까지 왔는데, 사고가 난 건 어쩌면 포기하려는 내 생각이 순리가 아니라는 증거가 아닐까?' 계속 견뎌야 할 것인지를 생각해야 하는 시점이었고, 우리 부부는 세 번째 건축을 시도하기로 했다.

삶을 둘러싼 괴롭히는 소문들

남편을 둘러싼 또 다른 많은 이상한 소문들이 있기도 했다. 어느 날부터 이상한 소문이 나기 시작했다. 남편이 '땅을 팔아서 미국으로 도망가려고 한다'고, 센터 가까이에 사는 어떤 사람이 말도 안 되는 소문을 내기 시작한 것이다. 모든 것이 당시로써는 우리를 시험하는 듯한 상황이었고, 우리 부부에게 환난이 되었다. 우리가 결혼하기 전 시아버님께서는 남편에게 약 10억 원 이상을 주었다. 원주 지역에 박경리의 소설 『토지』에 나오는 지역 땅 약 10,000여 평 가량의 과수원 전체가 시아버님 땅이었다. 그리고 결혼하기 1년 전 시아버님이 돌아가시면서 전 재산을 남편에게 유산으로 남기셨다. 센터 재산을 이용해서 다른 생각을 품을 이유가 없었던 것이다.

남편은 받아 두었던 아버님의 유산 10억 원 가량을 이곳 건축과 관련해서 모두 쏟아 부었고, 창동에 살던 집을 팔아서 이곳으로 이사를 왔다. 센터를 건축할 당시에 남편은 아버님으로부터 받았던 오래된 낡은 차를 계속 사용하고 있었다. 그만큼 남편은 센터를 위해 모든 걸 희생한 검소하고 담백한 사람이었다.

신이 쏜 불화살

정성으로 만든 보금자리가 허물어지다

결국, 대법원까지 가는 피 말리는 상황 속에서 결국 이전 건물의 존재에 대한 증거 부족으로 우린 우리 손으로 리모델링한 건물을 헐어야 했다. 이전 건물에 대한 사진 자료나 증거가 분명 있었고, 심지어 정부에서는 그곳에서 수도 요금을 거두어 갔으면서도 오래된 건물의 건축 대장 등이 문서 기록 기관에 자료로 존재하지 않는다는 것이 유일한 철거의 이유였다. 과거 건축물을 법

적으로 사들인 것도 우리였고 이후 꽤 오랫동안 건축물이 존재
했음에도 우리의 요구는 끝내 받아들여지지 않았다.

2002년에 이곳으로 이사를 왔는데, 2007년에... 그것도 결혼기
념일인 12월 5일에 여기를 우리 손으로 헐어야 했다. 7년 동안의
법정 싸움, 대법원까지 가서 재판에 패소한 것이다. 어쩌면 이것
은 운명적인 일이었다.

돌이켜 보면, 재판하는 과정은 매번 심장을 조여오듯 드라마틱
한 긴장감을 만들었다. 재판에서 지고 연기되고를 반복하면서
그야말로 우린 녹초가 되었다. 재판에 진 날은 집에 와서 얼마나
울었는지 모른다. 사실, 정의가 이긴다는 생각으로 쉽게 생각한
것도 원인이었다. 우리가 정당하게 매입한 건물이었으니 당연히
우리가 '승소할 거다'라고 생각을 했던 것이다.

2000년 12월부터 2010년 11월 지금의 문화센터 건물을 착공하
기까지 참 어려움이 많았다. 처음부터 기존 문화센터 건물을 다
헐어버리고 새로 지었으면 쉬웠을 텐데 괜히 리모델링을 해서 고
생은 고생대로 하고 욕은 욕대로 먹고 돈은 돈대로 많이 나가고
힘든 경험을 했다.

신이 쏜 불화살
....

이렇게까지 시간이 길게 가고 많은 돈이 들어갈 거라는 생각 자체도 못했다. 최초 1심 변호사 비용으로 5백을 썼었는데, 상대는 주민 가구당 일정액씩 걷어서 이천만 원짜리 변호사를 썼다. 처음부터 게임이 안 되는 싸움이었다. 우리가 들어와서 땅을 매입할 때부터 납골당을 짓는다는 거짓 유언비어가 돌았고, 당연히 주민들은 어떤 꼬투리라도 잡아서 우리를 몰아내려 한 것이다. 남편은 또 다른 음해로 인해 경찰서를 들락거렸다.

문화센터이다 보니 피아노 공연을 위한 악기들을 연주하곤 했는데, 아주 작은 소리에도 연주한 지 5분 만에 경찰서에서 남편을 찾는 전화가 왔다. 민원이 들어 왔으니깐 소리도 멈추고 문화센터의 밝은 빛도 끄라는 것이었다. 주민들 수면에 방해된다는 게 이유였다. 어느 날은 갑자기 검찰청에서 남편을 불렀다. 남편이 무슨 도둑질 하거나 나쁜 짓을 할 리 만무한데도 검사가 남편을 불렀다. 그만큼 이 지역에 있는 사람들은 나름 세력가들이 많았다. 사실, 이것은 어느 면으로 보나 권위를 남용한 것이라고 볼 수 있었다.

리모델링 관련 이야기 가운데서 가장 하이라이트는 기존의 합법적 건물과 논란이 된 건물 부분이 서로 붙어 있었는데, 기존에 있는 이것이 합법적인 게 아니니 주민들이 관련 기관에 벽을 치라는 민원을 넣은 것이다. 사실 벽돌 벽은 일단 만들고 나서 허물면 그만이었지만, 주민들은 그럴 것까지 생각해 시멘트 콘크리트 옹벽을 치라고 요구했다. 자신의 땅에 외부인의 요구로 콘크리트 벽을 세우는 사상 초유의 일이 생긴 것이다. 생각하면 할수록 기막힌 일이다.

돈줄과 권세 줄을 틀어 쥐고 있는 그들은 관련 기관에 이런 일들을 심의하게 하였다. 그렇게 해서 정성을 들여 만든 우리의 보금자리는 허물어졌다. 그것도 우리 손으로 말이다. 사실, 재판 과정의 상황이 어떻게 될지는 잘 몰랐다. 우린 정당하고 정직했기 때문에 당연히 우리가 원하는 결과가 나올 것이라고만 생각하고 있었다. 최선을 기다리는 마음으로 정성을 다했다. 우린 그 장소가 우리가 마음으로부터 믿고 있는 신이 허락해주신 축복의 땅이라고 생각하고 있었다. 하지만 결국 오랜 세월의 노력이 무상하게 우린 대법원에서까지 패소하고 말았다. 우리의 정당성을 입증할 자료가 너무나 부족했던 것이다.

우리가 노력을 기울여 리모델링한 건물을 법원의 명령으로 우리 손으로 헐어버렸고 이제 우린 다시 그곳에 또 다른 건물을 올리는 기막힌 상황이었다. 기도를 안 할 수 없는 상황이었다. 국가에서는 우리가 대법원 명령대로 건물을 철거하기 전까지 반복적으로 강제 이행금 1억 원씩을 매년 부과하였다. 그렇게 구청에 지불한 강제 이행금이 4억 원이다. 해당 연도에 철거하지 못하자 가중 이행금이 부과되었다.

정확히 말해 그렇게 지불된 돈이 4억7천만 원이었다. 한동안은 그 이행금을 지불하느라 문화센터를 다시 지을 수 없는 상황이 되었고, 그 와중에 공사 담당을 하기로 한 업체가 두 번을 부도 내고 도망가니 우린 미칠 노릇이었다. 10년을 그렇게 같은 장소에서 씨름하고 나니, 세 번째는 건축할 엄두가 나지 않았다.

2007년 12월에 문화센터 건물이 철거되고 나니 오히려 홀가분해진 면도 있었다. 여러 가지 복합적인 요인으로 지쳐 있다가 이제 싸울 것도 없이 여기저기 옮겨 다니면서 업무를 보는 상황이 되었기 때문이다. 장소를 옮겨서 업무를 보는 그 시기에 이미 식구들 중에 재력이 있는 사람들은 하나둘씩 떠나가기 시작했다. 이미 지친 상태라 문화센터 건물 땅을 팔고 서울시 전역을 찾아보며 작게라도 맘 편한 곳에서 새롭게 시작을 하고 싶다는 생각도 있었다.

그냥 다 헐어 버리고 땅을 팔고 이사를 갈까 하는 생각도 했다. 그랬더니 여기에 별별 사람들이 다 왔다. 여기에 주택을 짓겠다, 레스토랑을 짓겠다하는 사람들도 있었다. 그런데 땅값을 터무니없이 한 평에 '6백을 주겠다, 5백을 주겠다' 이러는 것이었다. 여기가 평당 천만 원이 넘는 데 우리가 지치니까 완전 헐값으로 사려고 달려드는 사람들 투성이였다. 강제 이행금은 고사하고라도 우리가 사 가지고 온 가격도 안 나오는 상황이었다.

신이 쏜 불화살
....

고통 중에서도 잊지 않았던 것

　남편은 그 많은 고난 중에서도 나를 끊임없이 격려해 주었다. 우린 서로에게 둘도 없는 조력자가 되었지만, 실상 우리가 직면하고 있는 이 지역은 '아군'이 아무도 없는 곳이었다. 그야말로 '우리 편'은 존재하지 않았다. 문화센터를 리모델링하고 짓기 전까지, 그리고 있던 건물을 헐기까지의 주민들과의 마찰은 우리가 감당할 수 없는 온갖 형태의 시련 자국을 남겼다.

　우린 우리 땅과 장소가 있었으면서도 여러 곳을 전전해야 했고 계속 옮겨 다니는 생활을 했다. 처음에는 주변에 우릴 환영하는 사람은 없는 것처럼 보였다. 유명 사찰이 존재하는 이 곳에 지금은 보기 드문 인연으로 안착하게 되었고, 우리의 터전을 만들고 있다. 현재의 새로운 건물을 지으면서는 한 건의 민원도 없었다. 지을 때, 그만큼 우리가 조심하기도 했고 선물과 인사로 주민들과의 평화를 우선 만들어 가기 위해 노력했다.

무허가 건물에는 전기랑 가스랑 수도를 공급하면 안 되는 데도 정부는 그동안 우리가 꾸리고 있었던 이곳에 모든 걸 공급하고 세금을 거둬들였다. 그래놓고 민원이 들어오자 불법 건축물로 철거를 명령한 것이다. 우리가 있는 이 곳은 분명 등기가 존재하는 곳이다. 두 개의 관련 기관에 등기를 보여달라 요청 했지만, 결국 직접 찾으라는 얘기만 들을 뿐이었다.

　담당자도 찾지 못한 서류를 우리보고 찾으라니 말이 되지 않았다. 6·25 때 서류로 추정되는 이 서류는 불이 나고 유실되었거나, 권력자들에 의해 감춰졌을 수 있다. 아예 찾지 못하도록 말이다. 어쨌건 우린 이 땅의 소유주였다. 정당하게 이 땅을 대금을 지불하고 샀으니까 말이다.

　마지막으로 헐고 다시 지을 때 우린 여기를 정식으로 건축 허가를 받아 지었다. 마침내 우리 보금자리를 얻은 것이다. 지난 세월이 모두 눈물로 살아왔던 시절이다. 우린 법적으로 싸움을 하는 그 와중에도 일 년에 한 번씩 해외에 팀들을 꾸리고 나가 고아원과 학교와 과부촌을 세웠다. 문화센터의 기본 방향성이었던 사랑과 나눔을 실천하기 위해서 그렇게 한 것이다.

신이 쏜 불화살

아름다운 보람은 역경 가운데 피어난다

어려움 가운데서도 우린 도움이 필요한 나라들을 돌며 그들에게 문화적 요소로 희망을 주었다. 나중에 언급될 캄보디아를 처음 방문을 했던 그 시기는 센터 건축 문제로 계속 힘든 재판이 이어지던 시기였다. 캄보디아를 다녀와서 재판에서 패소하고 나면 또 이의 신청을 해서 또 재판이 진행되고 그런 일이 반복되었다. 법원에 갈 때는 내 가슴이 콩닥콩닥 뛰고 다리가 안 떨어지고 심리적으로 아주 불안했다.

대법원에 들어갈 때는 얼마나 간절했는지 하나님께 '제발 이번 한 번만 승소하게 해주세요'라고 간절하게 기도했다. 우황청심환을 계속 먹으며 대법원 문을 들어설 때는 도살장에 끌려가는 소와 같은 심정으로 발을 디뎠다. 계속해서 이기지 못하고 계속 패소를 하니까 그럴 때마다 벌금을 내야 할 상황이고 피눈물 나는 심정이었다. 이번만 제발 살려달라는 심정으로 그렇게 울면서 법원을 다니던 시기였다.

모든 재판이 몇 년간 반복적으로 지루하고 힘들게 진행되고 최종적으로 대법원에서 패소 판결이 내려져 결국, 2007년도 12월에 문화센터 건물이 철거되었다. 센터 건물이 헐릴 때 멀찍이서 식구들과 함께 바라보며 바닥에 주저앉아 펑펑 울며 통곡을 했다. 리모델링을 하며 아픔을 겪었고 돈도 지속적으로 많이 들어갔고, 그렇게 사람들에게 고난 당하고 수난을 당했고, 또 우리 손으로 식구들이 줄 서서 돌을 쌓아가며 센터를 지었던 기억들이 눈에 선한데 이제 그 센터 건물을 헐게 되니까 말로 표현할 수 없는 아픔이 있었다.

그때는 사실 반대자들이 너무 미워서 누가 벌 좀 안주나 했다. 신께서 그 사람들 벌 좀 줘서 신이 살아 계신 것 좀 저들이 보게 해 달라고 애원했는데 결국 센터 건물은 헐렸다. 센터 건물은 헐리고 유치원을 했던 어린이집 건물만 남았다. 그 유치원 건물은 주택으로 허가된 장소였고 나중에 3층으로 올려서 운영했다. 서울시에서 허가를 내줘서 시가 운영을 하던 아주 좋은 유치원으로 평판도 좋았다. 아토피 걸렸던 아이들이 와서는 아토피가 나을 정도였고 음식도 너무 잘 해줘서 은빛어린이집하면 지금도 사람들이 전화하고 찾아오며 좋아한다. 그 당시 유치원 아이들을 2

년 뒤 졸업을 시켜야 할 의무가 있어서 그때까지 운영을 했다.

　지금 이 자리에 다시 우리의 보금자리를 합법적으로 건축하고 우리의 일을 하고 있다. 이곳에서 역사적 사명을 완성하자고 문화센터 식구들에게 다짐하고 지금껏 열심히 맡겨진 소명을 다 하고 있다. 돌이켜 보면 지금의 평화로움은 역경 가운데 피어난 꽃 같은 것이었다. 좋은 결과들을 위해서 언제든 반드시 역경은 필요한 것인지도 모른다. 역경을 딛고 일어선 꽃은 더 아름답기 마련이다.

마음의 간절함은 열매를 맺는다

현재 우리가 평화롭게 터전으로 삼은 이곳은 사실 국립 공원 지역이다. 국가에서 건축물을 승인하고 짓도록 하는데 다른 곳들과는 다르게 까다롭게 제한을 두는 곳이다. 그렇다 보니, 지상 3층 이상은 원칙적으로 건물을 올릴 수 없게끔 되어 있다.

이곳을 건축할 때에도 고도 제한과 국가의 승인을 얻어야 하는데 추가로 1억 정도가 더 소요되었다. 단순한 고도 제한뿐 아니라, 건물 색상도 자연 친화적이면서 무리 없도록 규제하고 있다. 처음에 빨간 벽돌색으로 지으려 했던 센터 건물 역시 여러 번의 재고와 논의를 거쳐 현재의 디자인 형태로 최종 승인을 얻을 수가 있었다.

우리로서는 몇 군데 업체를 선정하고 컨펌을 받아 매우 신중하게 내린 결정이었다. 현재의 형태로 건물이 들어서기까지 많은

신이 쏜 불화살

사람들의 간절함과 기도하는 마음으로의 정성이 없었더라면 최상의 결과는 만들어지지 않았을지도 모른다. 마지막 건축 과정은 매우 순조롭게 이어졌고 만족스럽게 이어졌다.

건축을 진행하면서도 우린 센터 자체의 비전을 멤버들과 함께 나눠야 했다. 그러다 보니 컨테이너 하나를 현장 이곳저곳으로 옮겨 다니며 임시 사무실로 사용했다. 현장 소장이 좀 짜증스럽기도 했겠지만, 우리의 단합된 힘과 뜻을 모으기에 현장에서 가까운 임시 사무실 만큼 좋은 곳도 없다는 생각이 들었다.

그런데 현장 직원들이 점심을 먹고 있을 무렵, 보고도 안 하고 철근을 크레인으로 올리다가 누군가와 겨우 다섯 걸음 차이로 그 무거운 철근 덩이가 떨어지고 말았다. CCTV로도 인지할 수 있는 매우 급박한 상황이었다. 나는 이런 상황 가운데서 별 탈없이 진행될 수 있었던 모든 일들이 우리를 돌보고 있는 신의 돌보심 덕분이라고 생각한다. 그 상황, 모두가 마음을 쓸어내리며 마음속의 '신'을 불렀으리라 생각한다.

아무튼, 위험스런 상황들이 있었지만, 기적적으로 한 건의 사고 없이 그때부터 우리의 새로운 보금자리는 멋진 자태를 뽐내며 오늘에 이르고 있다. 그간의 어려움은 언제 있었냐는 듯 포근하고 안락한 위용을 자랑하고 있는 문화센터는 공사하기 전까지의 많은 가슴 아픈 사연들을 품고 있다. 남편과 나는 이 모든 일에 함께한 센터 식구들에게 존경과 애정을 보낸다.

문화센터를 짓지 못하게 하려는 여러 시도와 포기하게 하려는 여러 노력들은 성공을 거두지 못하였다. 고난에 지쳐 우리 역시 한동안 이곳에 보금자리를 트는 것을 포기할까도 생각했었지만, 결국 우린 아름다움과 인내의 결실을 이곳에 만들어 냈다. 이루 말할 수 없는 아픔들은 이제 앞으로 우리가 이곳에서 어떤 노력을 기울여 훌륭한 일들을 만들어 내느냐에 따라 그 가치의 빛을 달리하게 될 것이라고 생각한다.

건축이 진행되는 동안 남편은 큰 아웃 라인의 최종 결정을 내렸다. 하지만 대체로 세세한 부분들은 내가 결정을 하곤 했다. 예를 들어 여기 무슨 황토가 좋다더라 하는 식의 디테일한 작업에 주의를 기울였다. 재정 상태가 많이 여유가 있었던 게 아니라 더 최상의 것을 선택하지 못했지만 나름대로 최선을 다했다. 이 건물은 아주 크진 않아도 100억대 예산이 들어간 건물이다. 이렇게 센터 건축 작업에 심혈을 기울이면서도 문화를 통해 인류적 가치를 전달하고 구제를 통해 나눔을 실천하는 일은 쉽지 않고 게을리하지 않으려 했다.

우리 부부의 심장은 이미 센터의 가치를 확장하는 것에 집중되어 있었다. 이 일을 빼면 우리에게는 이 건물도 아무 필요가 없다고 생각한다. 이미 깨끗하고 아름다운 보금자리를 만든 우리는 앞으로 미래에 새로운 오천 평 규모의 대지 위에 건물을 지을 계획도 가지고 있다. 신께서 허락하신다면 그런 일은 분명 이루어지리라 생각한다.

독수리 날개 치며 날아가듯

　돌이켜 보면, 10년의 시간들은 근심의 나날이었다. 건축 관련 세 번째 과정에서 마침내 우린 좋은 분들을 만났다. 그분들과 센터 건축을 진행하였고 설계사도 좋은 분을 만나서 남편과 협의 하에 꼭 맞는 설계가 이루어졌다.

　남편의 이상향에 따라 1층 본당은 독수리가 날개로 비상하듯 전면부가 설계되었다. 건축업자들도 성실하게 일했다. 사실 이분 들도 지반 작업을 하면서 암반을 파다가 너무 힘들어 도망가고 싶은 심정이 들었다고 한다. 우리가 있었던 그 땅이 그렇듯 힘든 구조를 지닌 곳이었다. 이전의 어려움을 기억하고 있는 우리로서 는 암반 작업을 하면서도 무진동, 무소음 작업으로 이불 뒤집어 쓰듯 방진 처리를 하고, 정말 조심스럽게 작업을 하다가 암반이 울리면 옆에 집들이 흔들리기 때문에 최대한 조심스럽게 작업을 했다.

이번에도 작업이 계속 실패를 하고 몇 번을 해도 안 돼서 포기하려고 했다. 그럴 때마다 사장님을 찾아가서 울면서 사정을 했다. 다행히 그 사장님은 여러모로 좋은 인품을 가진 분이었다. '내게 맡겼으니까 내가 해보겠다'는 심정으로 일해 주셨다. 옆에 현장 소장이 소리 지르면서 '이건 못한다. 나 안 한다'고 할 때마다 사장님은 다독거리며 '아니다, 할 수 있다. 해 보자'라고 하며 함께 일하는 사람들의 힘을 북돋워 주었다. 그렇게 해서 다행히 건축은 잘 마무리되었다.

세 번째인 이번에는 지역 주민들이 민원 없이 참 잘 해주었다. 결국 센터를 짓고 나니 지역주민들 입장에서는 좋았을 것이다. 센터가 지역 분위기를 살려 집값이 올라갔을 것이기 때문이다. 이런 동네에 이렇게 예쁜 건물이 있다 해서 기를 살려 주는 계기가 되었고 지역 분위기가 좋게 변했다. 공사가 다 끝나고 나서는 동네 사람 다 불러서 잔치하기도 했다. 지나고 보니 인내하기를 잘했다는 생각이 든다. 평화와 고요가 우리 부부에게 찾아왔다.

모든 것들이 평화스러워진 지금, 우린 진짜 이제 시작이다. 독수리 날개가 하늘을 향해 비상을 준비하듯 우리도 현실의 벽을 허물고 활기차게 가치있는 비전을 향해 나아갈 것이다. 나는 그럴 거라 확신한다.

신이 쏜 불화살
....

'쉐키나'

그리고

'테필린'

신이 사용하는 화살

아름다운 센터 건물이 이 지역에 들어서고 나서 이제 우리에게
는 이 시설들을 잘 활용해서 어떤 건설적이고 훌륭한 일들을 만
들어 가느냐의 문제만 남았다. 남편의 센터 건립 이상향처럼 두
개의 날개 역할을 하는 우리 센터만의 특징이 있다. 우린 그것을
'쉐키나'와 '테필린'이라고 부른다. 이 두 단어는 모두 히브리어에
그 어원을 두고 있다.

신이 쏜 불화살

'쉐키나'는 '신의 영광이 함께하는 것'을 의미하는데, 우리는 이 의미에 걸맞게 우리가 하는 일이 신성하고 중요한 일이라는 생각을 가지고 이 일에 몰두하고 있다. 지역 사회를 밝게 하고 문화를 통해 의미를 부여해 나가는 것은 '사회적 건강'을 생성해 나가는 중요한 부분이라고 생각한다. 우리 모두는 이 일을 '봉사'라고 생각하며 매우 가치 있는 일이라고 생각하고 있다. 이 책의 서두에서 언급했던 것처럼 우린, 해외에까지 우리의 발을 넓혀 많은 사람들이 문화로 하나가 되어 함께 어우러져 가치 있는 일들을 만들어 내길 원하고 있다.

'테필린'은 과거 성서의 하나님이 부모에게 자녀를 교육하도록 명령했던 그 사실에 근원을 두고 있다. '테필린'은 일종의 '말씀상자'를 말하는 것이다. 유대인들은 상자에 율법을 담아 미간이나 손목에 매어 그 가치를 기렸다. 종교와 상관없이 우리는 올바른 윤리와 교육을 매우 중요한 것으로 여긴다. 아울러 '테필린'의

처음 의도대로 부모와 자녀 사이의 유대가 사회를 건강하게 하는 가장 좋은 도구라고 여기고 있다. 우리 센터에서는 '테필린'의 가치에 따라 토요일이 되면 부모와 자녀의 유대를 강화하는 여러 프로그램들을 진행한다.

남편과 나는 문화 공연을 통해 한국의 아름다움을 전하고 올바른 삶의 윤리를 전하는 일을 위해 북극 빼고는 다 다닌 듯하다. 남극까지 갔으니 말 다했다. 북한도 바로 아래 지역까지는 갔었다. 이제 우리 부부의 1순위는 북한이다. 단원들, 그리고 팀원들을 구성해 평양에서 공연하는 것이 바로 우리의 목표이다. 전 세계의 최고의 문화센터가 되는 것이 우리의 꿈이다. 언젠가 UN과 카네기 홀에서 우리의 공연을 하게 될 날을 꿈꾼다. 그럴 날이 반드시 오리라 믿는다.

사실 우리 문화센터는 규모가 아주 크다고는 할 수 없다. 하지만 큰 문화 단체들이 하는 모든 것을 다 시도해 봤다. 누군가는 이곳을 '신의 군대'라고 부른 적이 있었다. 나는 이곳을 신이 사용하는 '화살'이라고 생각한다. 화살은 군대가 가지 못하는 곳까지 날아가 결국 원하는 목적을 이룬다. 신은 분명 우리 세상을 만들고 자신이 원하고 의도했던 깨끗하고 윤리적이며 활기 넘치는 세상을 바랬을 것이다.

하지만 지금의 세상은 창조자가 바랬을 법한 그런 모습이 아니다. 어지럽고 흐려졌으며 힘을 잃어가고 있다. 이제 그 모습을 회복하는 것이 바로 우리 센터가 하는 일이란 생각이 든다. 우리가 기획한 공연이 진행되는 동안 사람들은 웃고 즐거워한다. 또 다른 한편으로, 삶의 가치와 인간이 역사의 흐름 가운데 남긴 위대한 족적을 기억하며 눈물을 흘리고 감동하기도 한다. 우리가 가진 가치는 단순히 노래하고, 춤추고 하는 그냥 단순한 문화 공연단의 모습이 아니다.

나중에 언급하겠지만 우린 유대인식 결혼을 연구하고 그 결혼식이 가지는 내적인 가치를 사람들에게 알리고 있다. 남편은 자신의 모든 시간과 생명을 사용해서 이런 것들을 연구하고 공부해 왔다. 사실, 20년 전까지 한국에서는 이런 얘기를 할 수 없었다. 남편만 홀로 이런 연구와 시도를 했다. 10년 전 극동방송이나 언론에 남편의 기사가 매일 나갔던 적도 있었다. 전에 이런 것을 공공연하게 하지 못했던 이유가 있었다. 이스라엘과 연관된 조심스러운 견해 때문이었다.

이스라엘의 종교 문화는 '정성'에서 시작된다

남편이 시도한 또 하나의 독특한 프로그램 중 하나가 '성막 수련'이라고 하는 것이다. 한국에서 유대인 결혼식과 함께 이런 프로그램을 진행한 사람은 아마 남편이 유일할 것이다. 성막 수련은 유대인들의 과거 일상과 신성시하는 문화를 통해서 인륜적 사고의 정갈함을 체험하는 행사이다.

유대인들의 종교 문화는 그야말로 '정성'에서 시작된다. 이 프로그램에는 양(羊)이 등장한다. 우리들에게는 양의 성품이 숨겨져 있는데. 양은 올라갈 때는 쏜살같이 신나게 올라간다. 우리도 올라가고, 높이 올라가는 것은 좋아하는데 남이 이끄는 것은 죽어도 안 따라가는 특징이 있다. 인간 본연의 특징을 살피게 하는 이런 부분들은 여러모로 많은 것을 생각하게 한다.

앞서 이야기했듯이 이스라엘의 종교적 관습이나 가치관을 이야기할 때 등장하는 것이 바로 '쉐키나'와 '테필린'이다. 신의 임재

신이 쏜 불화살

와 교훈의 중요성을 떠올리면서 많은 사람들은 자신의 마음을 깨끗하게 하는 것에 관심을 가지게 된다. 유대인들처럼 엄마, 아빠가 직접 자식을 가르치는 문화가 되살아나야 한다. 이것이 유대인의 힘이고 가치이다. 직업 교사가 아이들을 교육한다는 것은 어느 면으로 보나 한계가 있다.

유대인의 가치를 연구하는 것은 여러 면에서 의미 있는 활동이다. 이들은 신에 대한 숭상심을 키워가며 자신들의 찬란한 문화를 2,000년 이상 이어 왔다. 그리고 이들의 문화와 역사는 세상에 존재하는 모든 것을 덮을 정도의 막강한 영향력을 끼쳐 왔다. 그들의 교육과 신앙의 방향성은 우리에게 많은 것을 시사한다. 인륜적 가치에 의한 사회의 회복이 바로 그것이다.

입으로도, 그리고 마음으로도 먹는다

남편은 센터 식구들에게 메시지를 전하기 전에 "다 같이 따라 합시다. 메시지를 볼 때마다~!"라고 구령을 붙이곤 한다. 그러면 식구들은 "신나게! 메시지를 들을 때마다, 기쁘게! 메시지를 먹을 때마다, 맛있게!"라며 활기 있는 분위기를 만든다. 정말 메시지를 볼 때마다 신이 난다. 그리고 들을 때마다 기가 산다. 그리고 메시지를 먹을 때마다 맛이 있다. 이런 방법으로 남편은 식구들을 격려하고 확신을 준다. '신나게, 기쁘게, 맛있게…' 우리의 삶이 그래야 한다고 생각한다.

친구들에게 남편은 문화센터 올 때마다 빈손 들고 오지 말라고 권한다. 나누는 것을 삶에서 실천하기를 원한다는 뜻인 것 같다. 남편은 호떡이나 찐빵 같은 것들을 좋아하는 편이다. 그러다 보니, 어떤 때는 전국에 있는 찐빵은 다 온 듯한 느낌이 들 때도 있다. 워낙에 전국에 우리 센터 식구들이 연이 있다 보니 그런

신이 쏜 불화살

유쾌한 상황도 생긴다. 남편이 지방에 출장을 가면, 그곳 식구들이 밤 11시에도 호떡 같은 걸 가져오기도 했다.

반면, 나는 먹는 것과는 아주 거리가 먼 편이다. 시집와서 신혼 시절에 아침 식사는 커피 한 잔이었다. 그래서 남편은 나와 매일 싸웠다. 남편은 "아침에는 밥을 먹어야지" 했고 나는 아침에 커피 한 잔이면 된다고 했던 것이다. 이게 가벼운 우리의 '부부싸움'이었다.

밥을 먹든 공부를 하든 아니면 음악을 듣든, 남편이 이야기한 "신나게, 기쁘게, 맛있게"를 떠올리며 빙그레 웃곤 한다. 우린 입으로만 먹는 게 아니라, 마음으로도 먹고, 머리로도 먹는다. 가족의 유대를 중요시하는 문화센터의 '테필린' 프로그램처럼, 센터의 모든 식구들은 구성원들과의 유대를 최고로 생각하고 있다.

유대인의
결혼을 통해
배우다

유대인식 사고가 필요해

문화사업을 본격적으로 하기 전, 남편은 1970년 말에 워싱턴의 유대인 홀로코스트 박물관을 갔었다. 거기엔 학살 기념 건물이 있었다. 남편은 거기서 충격을 받았다고 했다. '우리 한민족과 같구나. 우리 한민족의 아픔과 같구나!'라고 생각했다고 한다. 미국의 역사는 그런 역사를 간직하는 유대인들이 시작해서 세웠다. 우리나라도 당시 70년대에는 나라가 바쁘고, 혼란스러울 때였는데, 그렇게 무조건 성공 지향적인 것은 문제가 많다고 생각을 했다. 그것보다는 고난을 잘 간직해서 자녀들에게 잘 교육하는 게 중요하다고 느꼈다.

미국 각 도시마다 유대인들의 회당을 '시나고그(Synagogue)'라고 하는데, 그런 건축물은 없으니까 사진으로 도배해서, 유대인들이 자녀들한테 교육을 한다. 그들은 그들의 조상들이 겪었던 아픔을 기억한다. 자신들의 조상 수백만이 죽었고, 적어도 몇천 년 이상 고국도 없이 돌아다녔다는 것을 말이다.

그들의 가장 큰 힘은 아버지가 아니라 어머니이다. 왜냐하면, 적어도 2천 년 이상을 나라도 없이 다니다 보니 어쩜 그런 것은 당연한 것인지도 모른다. 종족 번식이 아버지로 인해 이어지면 혈통의 순수성을 알 수가 없다. 그런데 엄마는 내 자식인지, 이방인의 자식인지 알 수 있는 인물이다. 그래서 그들은 '쥬이시 마더(Jewish Mother)'라는 단어를 사용한다. 남자가 유대인이면 유대인이 되는 것이 아니라, 엄마가 유대인이어야 유대인이 되는 거다. 원래 아버지를 따라가지만, 유대인들 만큼은 종족보존을 여자, 엄마한테 두는 전통을 가지고 있다.

전 세계에서 한국 민족과 이스라엘 민족만 어머니들이 힘이 있다. 결혼식 시작할 때 양가 어머니들이 촛불을 밝히는데, 한국이랑 유대 민족이 가진 문화다.

유대인 결혼식을 통해 배우게 되는 것

유대인의 결혼식 문화는 우리에게 시사하는 바가 크다. 그런데도 유대인에 대한 낯선 인식 때문에 결혼식까지 유대인식을 연구해야 하느냐에 대해서는 마음을 잘 열지 않는다. 우리 문화센터에서는 유대인식 결혼식으로 통해 멤버들이 새로운 삶의 가치를 깨닫도록 돕고 있다. 실제로 여러 커플이 이런 방법으로 결혼했고, 지금도 긍정적인 호응을 얻고 있다.

유대인식 결혼식을 하고 나면 신혼여행을 가지 않는다. 행사에 참여하고, 포기하고 헌신하도록 하는 것이 이 결혼식의 특징이다. 여행이 아니라 함께 교감을 나누고 소통을 하면서 가정을 바로 세우는 것을 목표로 한다.

경제적으로 어려워서 결혼하지 못하고 사는 부부들 몇 커플을 위해 문화센터에서 남편의 주례로 결혼식이 이루어진 적도 있다.

신이 쏜 불화살

드레스를 우리가 빌려다 주고, 신랑 양복은 본인 것을 입고, 나머지는 센터에서 지원했다.

　결혼 안 하고 사는 부부들이 결혼식의 의미를 잘 모르는 경우가 많다. 이스라엘에서 결혼식의 의미는 완전한 자가 되는 의식이다. 왕 같은 제사장으로 남자가 세워지는 거고, 그것을 여자가 세워주는 날이 결혼식이다. 이런 것을 남편은 일찍이 기록들을 독파하고 연구하는 방식으로 공부해 나갔다. 사실 남편은 이것을 어떻게 일반화할 수 있나 고민 중이다. 가정의 위기 속에서 유대를 강화할 수 있도록 하는 것이 바로 유대인 결혼식이다.

　유대인 결혼식 때 신부는 신랑을 7바퀴 돈다. 이 7바퀴라는 것은 완전한 왕 같은 제사장으로 세우겠다는 의미이다. 유대인 여자들은 태어나면서 가정의 중요성을 교육받는다. 물론 모든 유대인들이 다 그런 것은 아니다. 이번에 텔아비브에서 동성애 축제가 벌어지는 것처럼, 세상의 문화를 받아들여 지내는 사람들도 있고 역사를 보존하는 정통파들도 있다.

　문화센터에서 유대인식 결혼식을 조직할 때는 보통 50명씩 들러리를 선다. 들러리를 서는 가운데 자신이 결혼식 할 때는 '나도 그렇게 해야지'하면서 선배 결혼식에 들러리를 서는 사람도 있다. 이 결혼은 절차 하나하나가 재미있다. 결혼식에 대해서는 다 마음이 열려있는 편이다. 그러다 보니 외국에서 공연할 때 결혼식으로 문을 여는 때도 있다.

특별히, 동남아나 문화의 혜택이 없는 나라는 윤리의 혜택이 없다. 예를 들면, 캄보디아에서는 안경 쓴 남자는 지식인이라고 다 죽였다. 20, 30년 전에는 공산정권에서 남자들이 없다 보니까 길에 걸어다니는 남자라면 다 집안으로 받아들였다. 그래서 가정 윤리라는 개념이 없다. 이런 윤리의 개념을 가장 쉽게 가르치는 게 결혼식이다. 일부일처.

특별히 유대인 여자들은 태어나면서 긍휼이라고 해서 남을 섬기고, 선대하는 훈련을 받는다. 여자들이 고생을 대대로 해왔기 때문에, 집안의 여자가 궁색하고 인색하면 안 된다고 해서 어려서부터 여자는 남에게 베풀고, 남을 대접하는 것을 1순위로 꼽는다. 보통 삼성 같은 일류 기업에서도 벤치마킹하고, 유대인 결혼식, 유대인 가정의 교육법, 유대인들의 교육법에 관심을 두고 있다.

끝나고 나서는 건포도와 사탕 같은 것을 던진다. 이렇게 건포도나 사탕을 던지는 것이 참석한 하객들이 돌아가서 사탕처럼

신이 쏜 불화살

건포도처럼 달콤하게 살라는 의미다. 골고루 나눠 가지라고 마지막에 그렇게 던지는 것이고, 그 직전에 컵을 깨는 데 가장 좋은 날 컵을 깨는 이유도 한번 깨진 것은 되물을 수 없다는 의미를 가진다. 가정도 한번 깨지면 되물을 수 없다는 것이다.

신랑, 신부는 보석이 박히지 않은 반지를 주고 받는다. 보석이 박혀있으면 기스가 생기고 흠이 간다 해서 그들은 아무것도 박히지 않은 온전하고 순전한 구리반지를 주고받는 것이다. 사실, 유대인 결혼식에는 주례사가 필요 없다. 그냥 진행되는 의식만으로도 이채롭고 교훈적이다.

복음적 유대인식 기독교 결혼식

화촉
여성은 갈비뼈의 역할로 남성의 가슴에 불을 붙여야 하는 사명이 있다.

후파입장
후파에 새겨진 글씨 "온 이스라엘이 들을 것이다! 행복의 소리, 신랑과 신부의 기쁨의 소리"

And he will listen in the cities of Judah and outside of Jerusalem! Good luck Sign! Voice of Joy!
Voice of Happiness! Voice of Bride! Voice of Bridegroom!

Hupa position and prayer

신랑입장

신랑   할례 받은 자(CIRCUMCIZED)
장인   할례 베푸는 자(CIRCUMCIZER)
장모   할례 베푸는 자의 여성형

신부입장

신부   완성자(THE COMPLETE) 또는
       완전한 자(PERFECTED ONE)

신부가 후파 아래서 신랑을 7바퀴 돈다.

7바퀴
-유대전통에서 "7"이라는 숫자는
 신성하고 완전함과 하나됨을 상징
-천지가 7일 만에 창조 되었듯이
 신부가 7바퀴를 돌때 그 가정의 액을
 세우는 것을 상징
-신랑이 이제 부모로 둘러 싸이고
 앞부의 메로부터 보호받는다는 것

하나됨의 촛불점화

하나님과 주례자와 많은 하객을 앞에 하나가 되었음을 보여줌

슈라못 반지

어떤 흠이나 장식도 없는 반지로 온전성이 깨지지 않는 신랑 신부의 하나됨을 상징

Perfect flawless ring

케투바 전달

다윗이 미갈을 아내로 맞기 위해 블레셋
사람의 양피 이백(삼상18:27)개를 사울왕에게
준 것처럼 신랑이 아버지와 함께 신부 값
(욘 30세겔, 레27:4)을 결혼지참금으로
내거나 결혼계약서에 기록한다.
신부 측의 최우선 관심사항은 신랑이 신부를
어떻게 사랑하고 부양하는가 이다.
신부가 결혼식을 위해 영혼을 깨끗이 해야 하는
것처럼 신랑의 주 임무는 아버지 집으로 돌아가
신혼집을 마련하는 것이다.
이 케투바가 곧 신랑 아버지의 약속!
성경말씀이며 약혼식 이후 예수님께서 처소를
마련하시러 승천하신 이후, 신부된 우리는
기다림의 단계를 살고 있는 것이다!

탈릿기도

하나님께 집중하도록 기도보자기!
탈릿을 쓰고 기도!
탈릿에 달린 32개 줄(피짓드)의 32라는
숫자가 히브리어의 레브(가슴)와 일치!
남편의 가슴을 차지한다면 행복한 아내가 될 수 있기 때문!

Tallit (prayer shaw)

컵 깨트리기

말씀을 지키지 않아
성전이 깨어진 것을 애도하며
일단 산산조각 난 유리컵은 원상복구가 불가능 하듯,
결혼도 이혼 모두를 수 없는 영원한 것임을 상기시킴!

Cup break:
the tread broke a glass cup

이후드

축하무대, 춤과 음악

새출발   축복의 출발기도!

결합을 위한 정성,
결혼은 신성하고 의미 깊은 것

오늘날 기존의 많은 결혼식은 거룩하고, 엄숙하고 그런 것이 아니라. 하객들을 불러다가 먹고 마시는 게 끝인 경우가 많다. 그러나 우리는 유대인식 결혼식을 위해 정말 많이 준비한다. 당사자도 그렇고 결혼을 앞둔 처녀, 총각도, 결혼하고 난 아버지, 엄마도 결혼식 끝나고 나서 뒤에서 엄마들끼리 손잡고, 아빠들끼리 손잡고 서로를 따라오게 하는 식으로 결혼 자체에 대한 의미 있는 일들을 하려고 한다. 지금까지는 신랑, 신부가 부모의 도움으로 그렇게 성장할 수 있었지만, 앞으로는 스스로가 상황을 이끌어 간다는 의미이다.

우리 센터에서 하는 유대인식 결혼식은 기존의 결혼과는 절차가 전혀 다르다. 전 세계에서 지금까지 최초로 20년 이상 해 왔다. 우리에겐 모든 것이 새로운 시도였다. 결혼의 신성함이나 영속성에 대해서는 사람들이 그 가치를 잃은 지 오래다. 결혼 자체

신이 쏜 불화살

로 인해 고통받는 사람이 있는 것도 사실이지만, 어찌 보면 결혼의 가치를 도외시하는 사회적 분위기가 오늘날의 문제들을 만들고 있는지도 모른다.

모든 행복의 근원은 가정에서 시작된다. 그만큼 결혼은 모두에게 중요한 행사이자 의식이다. 결합을 위해 정성으로 결혼을 준비하다 보면 우리는 삶을 다른 시각으로 대하게 될 것이다. 더는 혼자가 아닌 둘이 함께 조화로움을 이루는 건강하고 아름다운 삶인 것이다.

사랑하는
나의
아이들

갑자기 찾아온 엄청난 상실감

　사실, 이런 지면을 통해서 드러내긴 좀 그렇지만… 이전에 나는 아이를 유산했던 적이 있었다. 문화센터 활동을 위해서 일본에 갔었는데, 너무 무리한 탓이었는지 아이를 유산하고 말았다. 당시 우리 부부에게는 많은 스트레스가 있었다. 건축 소송과 관련된 것들도 그러했고 센터 운영을 위해서 있었던 불유쾌한 기억들도 그랬다.

　당시 임신한 상태에서 일본을 일주일 정도 다녀올 일이 있었다. 하지만 정신적으로나 육체적으로나 안정이 필요한 상황이라, 의사에게 여행해도 괜찮을지를 물었다. 의사는 내 몸을 이리저리 진찰해 보더니 심각한 표정으로 몸의 현재 컨디션상 유산을 할 수도 있으니 안 가는 게 좋겠다는 거였다. 하지만 당시로써는 관광을 목적으로 일본엘 가는 게 아니었고 안 가면 안 되는 상황이라 '괜찮겠거니' 하면서 집을 떠났다. 일본 여행 이틀째, 갑자

신이 쏜 불화살

기 배에서 찢어지는 듯한 통증이 느껴졌다. 그러더니, 한참 뒤에 그 통증이 좀 누그러지는 것이었다. 그래서 그냥 '좀 무리를 해서 그런가 보다' 생각했다.

국지적 통증은 며칠이 지나 일요일에도 진행됐다. 그냥 방에 누워 있을 수밖에 없었다. 귀국한 상태에서도 여전히 배가 아팠지만, 어차피 정기검진으로 병원 가는 날이 다음 주 목요일이라 조금 더 견디기로 했다. 그런데 목요일 병원에 갔더니 의사가 다소 상기된 얼굴로 이리저리 검진하는 것이었다. 뭔가 잘못된 거다! 처음에 딱 보면 애가 죽었다는 걸 알았을 텐데, 의사는 처음엔 말을 하지 않았다. 병원 검사를 처음부터 다 하고 초음파까지 끝나고 나서 결과 차트가 담당 의사에게 넘어갔다. 의사는 조금 나직한 목소리로 말을 꺼냈다. "안타깝습니다. 아이가 일주일 전에 죽었습니다." 게다가 뱃속에서 아이가 썩었다는 거였다. 배가 아플 수밖에 없었다.

남편은 이 일로 크게 충격을 받았다. 더 그랬었을 수밖에 없는 이유는, 이 사건이 남편이 고생 끝에 얻은 세 가지 중 하나를 잃어버리는 걸 의미했기 때문이다. 아들이었고 둘째였다. 자식을 잃은 것이다. 남편의 충격을 시작으로 해서 그때쯤 우리의 문화센터 활동도 고비를 맞고 있었다. 나 역시 너무 놀라고 슬픈 나날을 보낼 수밖에 없었다. 가뜩이나 힘든 시간 속에 왜 이런 일들이 일어나는 것인지 나는 이해할 수가 없었다. 하지만 감정이 가라앉고 나서, 나는 있었던 일들을 서서히 받아들이게 되었다. 어쩔 수 없는 일이었다.

신이 쏜 불화살

하나님 이 아이를 지켜주세요

글을 읽는 독자들은 좀 달리 생각할 수도 있는 특별한 신앙적 경험을 한 적이 있다. 신혼여행을 마치고 돌아올 무렵 아무도 없는 빈방에서 나오려는 상황에 '너희에게 아들을 줄 거다'라는 음성이 들린 것이다. 이 소릴 듣고 당연히 깜짝 놀랄 수밖에 없었다. 남편과 함께 재차 그런 말을 듣고 신혼여행에서 돌아와서 '우리에게 아들이 생기겠구나'라고 생각을 했다.

나이 37살에 갖게 된 아이는 나로서는 노산으로 쉽지 않은 일이었다. 그때가 문화센터를 옮기게 되는 곤란한 상황과 겹쳤던 시기였다. 임신 5개월 차가 되었을 때 병원에서 노산이니까 기형아 검사를 위해서 양수 검사를 하자고 했다. 나이가 많은 30대 중반 이후의 임산부는 기형아 검사를 의무적으로 해야한다고 했다. 늦은 나이에 아이를 갖는 것에 대해서 상식적으로 어렵다는 것을 알고 있었다.

병원에서 양수검사를 하면서 위험한 상황이 생길 수 있다는 것을 얘기해 주었고 배꼽에 큰 주사를 꽂아서 양수를 빼고 검사를 하는데 그때 주삿바늘이 우리 아이에게 잘못하면 바로 기형아가 될 수 있다는 이야기도 했다. 그래서 만약에 그런 사고가 생기더라도 병원 측에 책임을 묻지 않겠다는 각서를 쓰라고 했다. 각서를 쓰고 병원을 나오는데 마음이 너무나 착잡했다. 먼저 피검사를 했을 때 기형아 가능성에 대한 어떤 징후 같은 게 보인다고 해서 양수검사를 하자고 했기 때문에 많은 걱정이 들었다.

병원을 나오면서 다음날 각서를 쓰고 진행해야 하는 그런 상황을 생각하면서 하나님께 기도를 드렸다. 늦은 나이에 선물로 주신 자녀니까 이 아이에게 형벌을 주면 안 된다며 저에게 건강한 아이를 달라고 기도했다.

나이먹어 늦게 결혼해서 아이를 가졌는데, 그 아이가 기형이 된다는 의사 선생님의 말씀에 꼭 양수 검사를 해야 한다고 했다. 병원을 나오면서 신께 기도를 드렸다. 내 주변에는 경제적으로 어려운 사람들이 많은데 그렇게 비싼 돈을 들여서 내가 검사를 받지 않아도 된다면 이 돈을 차라리 주변의 어려운 사람들을 위해서 쓰겠다고 생각을 했다. '하나님, 제가 저를 위해서 검사를 받지 않고 더 필요한 사람들에게 쓸 수 있도록 아이를 큰 문제 없도록 지켜 주세요'라며 기도했다. 내 주변에는 경제적으로 어려워서 아이를 낳으러 병원에 가야 하는데 돈이 없어서 가지 못 하고 끙끙 앓으면서 힘들어하는 숨겨진 산모들이 많이 있을 텐데 건강한 아들이 허락된다면 그들을 위해서 차라리 돈을 값지게 쓰는 게 더 낫다고 생각했다.

그렇게 결심하고 다음 날 병원을 가서는 양수 검사를 '안 한다'고 했다. 5개월 되는 상황에 검사해서 결과가 기형아로 판정된다 해도 그 아이를 버릴 수는 없는 노릇이었다. 나는 생명의 가치를 최고로 여기는 신앙인이었기 때문이다. 그런 상황이 될지라도 길러야 한다면 차라리 건강한 아이를 주실 것을 믿고 담대하게 살아야 한다고 생각했다.

그 후에 아무렇지 않은 듯 한동안 잊고 지내고 한 달에 한 번씩 정기검진 목적으로 병원에 다녔다. 그리고 검진할 때마다 건강하다는 얘기를 들었다. 마치 신이 우리 아이를 안전하게 지켜주었다는 생각이 들었다.

이건 우연이 아니야

임신 9개월 차가 되었을 즈음에 함께 일하는 팀장님으로부터 긴급한 전화를 받았다. 볼일을 보러 외부에 나갔을 때 받은 전화였는데 그분은 고아로 어렵게 자라 생활하던 사람이었고, 그분 결혼식 때 본 이후에 오랜만에 연락을 받은 거였다. 마침 애를 출산하러 병원을 가야 할 상황에 돈이 없어서 너무 다급하게 백만 원만 빌려 달라는 말을 수화기를 통해 들었다. 그때 기형아 검사를 안 하고 차라리 어려운 임산부를 위해서 그 돈을 쓰겠다고 신에게 다짐했던 그 기도가 떠올랐다.

그때 그 기도를 한 이후에 몇 달이 지나도록 잊고 지냈었는데 그 팀장님의 전화를 받으며 문득 그 생각이 떠올랐다. 정말 너무 깜짝 놀랄 상황이었다. 그 팀장님은 빌려 달라고 했지만 저는 그때 기억이 떠오르며 빌려주는 게 아니고 기꺼이 보내 주겠다고 했다. 아기를 순산하기 어려운 상황이라 제왕절개 수술을 해야

신이 쏜 불화살

돼서 급히 돈이 필요했던 다급한 상황이었는데 다행스럽게 예쁜 딸아이를 순산해서 고맙다는 이야기를 나중에 듣게 되었다. 신께서 이런 기적을 경험하도록 나에게 병원에서의 일을 경험하게 하신 것인지 모른다고 생각하니 왠지 모를 벅찬 감격마저 느껴졌다.

그 일을 겪고 한 달 뒤 아무 문제 없이 건강한 사내아이를 낳았다. 정말 감사하게 신으로부터 아들을 선물받은 기분이었다. 금방 시간이 흘러 우리 아기 백일이 지난 후 그 팀장님 부부가 놀러 왔다. 팀장님 부인은 고맙다고 말을 했고, 나는 오히려 무언가를 더 많이 해 주지 못해서 미안하다고 얘기했다. 아기옷 몇 벌을 선물로 주고 가는 모습을 보며 그 아이와 우리 아이가 자라나는 모습이 신기하게 느껴졌다. 모든 것들이 감사함, 그 자체였다.

복덩이군! 복덩이!

　문화센터 일 때문에 하루 종일 아이를 돌볼 수 없는 상황이라 아이를 봐주는 분에게 맡기고 지내게 되었는데 신기하게도 우리 아기를 낳았던 그 해에 우리 문화센터에서는 11명의 아기가 태어났다. 이는 문화센터의 축복이었다. 식구들 대부분 늦은 나이에 아기를 보게 되어 모두다 너무나 예뻐하고 행복해했다. 식구들 모두 서로 자축하면서도 특히 우리 아기를 더 안아 보고 싶어 하고 만져보고 싶어 했다.

　사실, 우리 아기는 자기를 봐 주는 사람 외에는 낯가림이 너무 심한 편이었다. 식구들이 이렇게 안아 주려고 하면 울면서 칭얼대고 참 힘들게 해서 그 순간 아기가 참 밉게 느껴지기도 했다. 낯가림이 심한 아이라 할 수 없이 식구들이 멀찍이서 바라만 보면서 "할아버지 닮았네", "아빠 닮았네" 이렇게 예뻐해 주었다. 다행스럽게 그 아이는 한 번도 아픈 적 없이 병원에도 가지 않고

신이 쏜 불화살

건강하게 잘 자라 주었다.

우린 나의 아이와 함께 태어난 열 명의 아이들이 있기 때문에 다들 귀한 아이들이라 생각해서 너무 사랑하고 예뻐했다. 우리 아이를 필두로 아이들이 그렇게 태어난 것은 어쩌면 우리 아이가 복덩이이기 때문인지 모른다는 생각을 해 보기도 했다. 낯가림이 너무 심해 그 모습을 보는 내가 너무 민망해서 '이 아이가 왜 이럴까?' 한동안 생각 하기도 했다. 자기를 예뻐해 주는 분들에게 싹싹하게 다가가서 그냥 예쁨을 받으면 참 좋을 텐데 말이다.

그런데 어떤 감동과 깨달음을 얻었다. 이 아이가 낯가림이 심해서 식구들이 다가오지 않기 때문에 나머지 10명 아이들과의 관계에서 시기, 질투를 받지 않고 잘 지낼 수 있다는 사실이었다. 만약 이 아이가 낯가림이 없이 자기를 예뻐해 주는 많은 사람들에게 착착 감기듯이 그랬다면 다른 아이들과 차별되게 눈에 띄고 회장 집안 아이이기 때문에 다른 아이들과 그 엄마들로부터 미워하는 마음을 갖게 할 수 있을 거라는 생각이 들었다.

아무튼, 아이는 큰 탈 없이 잘 자라 주었다. 유치원 생활을 하면서 이 아이는 무엇을 하든지 최고로 열심히 하는 특성이 있었다. 너무 잘해서 실수하지 않으려는 열정이 지나칠 정도였다. 그리고 다행스러운 건 너무나 잘 웃고 밝은 아이가 되었다는 점이었다.

신이 쏜 불화살

내 딸이 '중2병'에 걸린 걸까?

　우리 딸은 중1이다. 하루는 이 아이가 밤 12시에 들어왔다. 너무 늦게 들어와서 술을 먹고 들어오는 줄 알았다. 그런데 그건 아니고 친구와 명동에 가서 짧은 바지를 사 입고 왔다. 남편은 이런 모습을 절대 이해 못 하는 성격이다. "이 녀석아, 네가 미쳤지" 그랬더니 딸은 "아빠는 고리타분해. 아빠랑 대화가 안 돼"라고 말한다. 반항하는 듯한 말투는 요즘 젊은 세대들의 특징이기도 하다.

　어떤 면에서 우리 딸은 요즘 사람들이 이야기하는 '중2병'이 좀 일찍 온 건지도 모른다는 생각이 든다. 아직 중1인데 말이다. 요즘엔 자기만 긴 바지 입지 다들 짧은 것 입는다고 난리이다. 중학교 1학년 아이의 사춘기 변화 때문에 남편은 지금 충격이다. 문화센터 사람들에게 말했더니 앞으로 아이들에게 아무 소리 하지 말라고 하며 요즘 중2만 되면 아빠는 게임이 안 된다고 너스레를

떨었다고 한다.

센터 일을 하면서 우리 부부가 아이들에게 더 많이 관심을 기울일 여유를 가지지 못한 것은 사실이다. 앞으로는 아이들과 더 의미 있는 시간을 가지기 위해서 노력을 하려고 한다. 사실, 딸아이의 푸념 같은 말들은 나의 사랑이 조금 부족해서일수도 있다는 생각이 든다. 단순히 짧은 바지가 입고 싶었다기보다는 나름 노력했던 엄마 아빠의 부족함을 알려주는 그 무엇인 것 같다.

신이 쏜 불화살

아이야, 네가 아프면 나는 가슴이 찢어진다

아이와 관련된 잊지 못한 에피소드가 또 하나 있다. 우리 큰 아이인 아들 이야기이다. 5살 무렵, 겨울철이었는데 토요일 날 아이를 집에 두고 아침부터 나와서 일을 하고 있었다. 이모가 와서 아이를 봐 주고 있었다. 6시쯤 어두워질 무렵에 이모에게서 전화가 왔다. 아이에게 큰일이 났다며 빨리 와서 병원에 데리고 가야 한다고 말하는 것이었다. 빨리 가려고 해도 시간이 안 되고 남편도 주말 일정 준비를 하는 상황이었다. 내가 움직여야 했는데 나도 갈 수 있는 상황이 아니었다.

동생이 전화로 "언니 애가 이상해. 고열이 나고 눈도 돌아가지 않아"라고 말하면서 빨리 오라는 것이었다. "어떻게 좀 조치를 해 봐."라는 말을 할 수밖에 없었다. 결국 집에 도착해서 보니, 아이는 눈이 흰자만 보이게 뒤집혀 있었다. 머리에서 발끝까지 몸에서 열이 40도가 넘는 상황이었다. 그때가 토요일 저녁 7시 무렵이었는데 갈 데가 병원 응급실밖에 없었다.

다음 날 일요일은 아침 7시부터 중요한 일정이 있었는데 대책이 안 섰다. 급하게 어떤 특별한 조치를 취할 수도 없었다. 해열제를 먹여도 아무런 반응이 없었다. 할 수 있는 거라곤 물수건을 물에 적셔서 몸을 닦으며 기도하는 것이었다. 아이를 안고 울면서 "하나님 제가 뭔지 몰라도 잘못했습니다. 애 좀 살려주세요"라고 말했다. 아이는 몸이 불덩이 같았고, 눈동자는 다 돌아가서 죽은 시체 같아 보였다. 해열제를 입을 벌려 조금 먹였지만 다 흘러 나왔다. 아이가 아무 움직임이 없으니까 그냥 방바닥에 아이를 눕혀 놓고 수건으로 몸을 닦아만 주었다.

울면서 아이를 닦아주고 한참 지나니까 다행스럽게 아이는 잠든 거 같았다. 그래서 아이 방에 눕혀놓고 왔다 갔다 하면서 경과를 보며 1시간쯤 지났을까 아이는 땀을 뻘뻘 흘리면서 자고 있었다. 사람들이 하는 말로 땀 흘리면 좋다는 말이 생각나서 그러면 좀 좋아지겠다 싶었다. 생명을 주신 분께 '살려달라'고, '우리 아이 좀 구해 달라'고 빌고 또 빌었다. 그런데 1시간쯤 자고 일어나서는 아이가 별안간 "엄마!" 하면서 나오는 것이었다. 나는 아이를 안고 펑펑 울었다. 죽었다가 살아온 아이였다. 고열을 떨치고 일어나 준 아이를 꼭 끌어안고 한없이 눈물을 떨구었다. 너무나 고맙고 감사해서였다.

그리고는 하나님께 '애 데리고 응급실에 가면 돈이 얼마 들겠죠? 입원하고 그럴 텐데 그 비용을 하나님께 감사로 드리겠어요' 라고 말했다. 문화센터의 아픔이 있을 그 시기에 공교롭게 아이가 고열로 그렇게 아픈 상황이 생기니 이것은 나 스스로에 대한 테스트일지 모른다는 생각이 들었다.

우리 아이는 그 후로 한 번도 병원에 간 적이 없다. 공 차다가 발을 삔다든가 하는 게 아니라 작은 감기나 뭐 이런 정도였지 병이 나서 한 번도 병원에 간 적이 없다. 작은 아이도 태어난 지 일주일 만에 응급실에 들어가서 우유를 못 먹은 상태로 탈진한 적이 있다. 설사를 계속하는데 바이러스에 감염되어 고생했다. 그때 주변 사람들로부터 아이가 우유를 못 먹는다고, 아이엄마가 안 먹여서 그렇다고 욕을 바가지로 먹기도 했다.

아이들이 아프면 엄마의 마음은 찢어진다. 나도 그랬다. 아이들을 생각하면 지금도 가슴이 미어진다. 모든 엄마의 마음일 것이다.

딸아이에게 있었던 갑작스러운 사고

딸아이와 관련해 충격적인 사고가 있었다. 센터 건물을 헐고 난 이후에 유치원 건물에서 업무를 볼 당시였다. 둘째 아이가 높은 곳에서 떨어져서 머리를 다치는 사건이 있었다. 그런데 이상하게도 업무 시간에 그런 일이 잘 없었는데 남편은 직원 중 한 분에게 뭔가를 복사해 오라고 시켰다. 이 분이 복사를 하러 내려갔는데 그때 뭔가 '퍽'하고 떨어지는 소리가 들렸다는 것이다. 깜짝 놀라 문을 열고 계단을 보니 철거 후 남은 좁은 계단의 흔적들이 뾰족하게 나와 있는 것들이 보였고 그 위로 우리 둘째 아이가 3층 높이에서 떨어진 것이다.

그리고 곧바로 떨어진 우리 아이 위로 다른 남자아이가 또 떨어졌다. 당연히 남자아이는 다치지 않았다. 딸아이는 넋이 나가 있는 상태였다. 나는 당시 사태의 심각성을 잘 파악하지 못했다. 한쪽 이마에서 피가 좀 흐르고 있었지만, 외적으로는 큰 문제는

신이 쏜 불화살

없어 보였다. 대수롭지 않은 듯 '왜 칠칠치 못하게 돌아다니다 다쳤냐'며 아이를 살짝 나무라기까지 했다. 그러다가 몸 전체에 이런저런 지저분한 것들이 많이 묻어 있어서 찬물로 씻겼는데, 아무래도 병원을 데리고 가야 할 것 같은 느낌이 들었다. 그래서 근처 개인 병원에 갔더니 '큰 병원으로 가라'는 것이었다.

급한 마음에 강북 삼성병원 응급실로 갔다. 그런데 일요일이라 사람들이 너무 많아 차례가 잘 오지 않았다. 아이는 얼굴과 이마에 피가 흐르고 있었지만, 겉으로 보기에 큰 문제가 없어 보이니 간호사들은 큰 관심을 두는 것 같지 않았다. 한참 동안 기다리다 30분 정도가 되어서 아이가 그때 정신을 잃어 가면서 마구 토하기 시작했다. 그때야 간호사들이 놀라서 응급조치를 취하고 CT 촬영을 했다. 나중에 두개골이 깨졌다는 검사결과가 나왔다. 같이 떨어졌던 남자 아이는 엄마가 센터 임원이었는데, 만약에 그 남자 아이가 이렇게 다쳤다면 이야깃거리가 되었을지도 모른다.

센터가 어려운 상황이었고, 주변 상황은 '툭' 하고 건드리면 사람들이 영향을 받아 떠나거나 사건들을 만들 태세였기 때문에 나는 오히려 한편 다행이라는 생각이 들었다. 우리 아이가 다치고 그 아이는 우리 아이 위로 떨어져서 완전히 솜 뭉치 위해 떨

어진 듯이 아무렇지도 않았다. 우리 아이 위로 그 아이가 떨어지
길 다행이고 감사한 일이라고 사람들에게 이야기했는데, 사람들
은 내 말에 감동하기 시작했다. 아이를 통해 또 한 번 나 자신을
깨달아 가는 순간이었다.

신이 쏜 불화살

범상치 않은 아이

아이들이 각자 부모가 크게 신경을 안 써도 할 일들을 잘하고 큰 탈없이 잘 자라준 것이 다행스럽기도 했지만 엄마, 아빠와 긴밀한 소통을 하지 못하고 지낸 게 나로서는 좀 안타깝기도 하다. 딸아이는 활달하고 무서운 게 없고 아주 강직하고 말이 별로 없는 아이이다. 혼자 있는 것을 좋아하고 할 일을 알아서 잘하는 편이다.

밖에서도 어른들이나 선생님에게 특별히 안 좋은 말을 듣는 것도 없고 자기 할 일 정확하게 하니까 신뢰를 받는 아이가 되었다. 그냥 예쁘고, 있는지 없는지 모르게 혼자 너무 잘 자라준 것 같다. 아빠하고는 소통이 잘 안 돼서 그거 하나가 좀 안타까울 뿐이다. 그렇다고 나하고 소통을 아주 잘하는 건 또 아니다. 보통 여자애들은 엄마에게 이런저런 얘기를 많이 한다는데, 학교에서 지낸 어떤 일들에 대해서도 미주알 고주알 얘기를 안 하는 편이다.

딸아이는 선생님이 해 오라는 과제나 숙제 관련해서는 내가 설거지를 해도 따라다니면서 사인해달라고 할 정도로 자기 맡은 일에 대해 철저한 아이였다. 딸아이에게 "너는 철저하게 모든 일을 잘하니까 미래에 대통령 시킬 거야"라고 말했던 적이 있다. 그랬더니 지난 2012년 대통령 선거 때 박근혜 후보를 찍지 말라는 것이었다. 왜 그래야 하냐고 했더니 자기가 미래에 대통령이 될 건데 박근혜 후보가 대통령이 되면 자기가 최초의 여성 대통령이 되지 않고 두 번째가 되지 않냐고 하는 것이다. 과연 딸아이는 범상치 않은 특성이 있는 게 분명했다.

축구 감독이 미국으로 보내서 축구 선수로 키우자고 할 정도로 딸아이는 운동신경이 아주 좋고 정신력과 체력이 강하다. 하지만 아빠로서 남편은 아이들하고 소통하는 법을 전혀 모르는 것 같다. 남편도 아이들하고 가깝게 지내고 싶어 하지만 여전히 잘 못 하고 있고, 특히 딸아이와는 굉장히 어색한 관계로 보일 정도이다. 하지만 아이들은 아직까지 큰 문제 없이 잘 자라주고 있다. 집안일도 스스로 많이 도와주려고 한다. 딸아이는 색깔별로 구별해 세탁할 정도로 여러모로 집안일에도 신경을 많이 쓰는 편이다.

신이 쏜 불화살

중 2병이 무섭다는데 지금부터 준비해야 할 것 같은 느낌이 들기도 한다. 요즘도 사춘기라 자주 싸우게 된다. 아빠, 엄마, 오빠 3명하고 3대 1로 싸워도 끄떡도 안 할 정도. 가끔은 딸아이의 의연함과 시크함이 놀랍기도 하고, 앞으로 그것이 인생에 어떤 영향을 줄 것인지가 기대되기도 한다.

한편으로는 또래 여자아이들과 비교해 볼 때 이상할 정도로 무덤덤한 면이 딸아이에게는 있다. 뭘 못하게 했을 경우에 엄마한테 막 조르면서 사정을 한다든가 그런 적이 단 한 번도 없다. 뭐 그런 거 필요 없다는 식으로 너무나도 무덤덤하게 말해서 엄마로서도 이상하게 느껴질 정도이다. 두 아이가 큰 탈 없이 잘 자라주어 다행이다.

서로 다른 두 개의 얼굴

잘 아는 분이 아이들도 이제 해외 미션 여행을 아빠, 엄마와 함께 경험하는 게 좋겠다고 비용을 전부 지원해 주셔서 작년에 처음으로 아들을 데리고 독일에 갔던 적이 있었다. 세계 각지에서 외국 사람들이 참석했었는데 집회 중에는 다음 세대를 위한 프로그램으로 중고등부 청년까지 나오는 행사가 있었다. 전부 독일 사람들로 구성되었는데 언어도 영어를 중심으로 외국어를 사용하는 낯선 상황이었다.

한국 사람은 대학생 2명 정도로 소수에 아들과 같은 또래는 없었지만, 아들을 외국 사람들 무리에 참석시켰더니 하루 지나가면서 아들이 자연스럽게 친구들을 사귀었다. 쑥스러워하면서도 영어가 트여 아이들과 휴대폰 메신저로 대화하며 일본, 독일 및 여러 나라 중 고등부 아이들과 섞여 친구가 되어 잘 적응하는 것을 보고 놀랐다. 이제는 아주 유창하게 잘하는 건 아니지만, 외국

신이 쏜 불화살
....

사람들과 만날 때 큰 아이는 스스로 먼저 말을 걸고 적극적으로 대화를 시도한다.

서툴지만 영어에 대한 자신감 때문인지 사람을 대하는 면에서도 좀 더 자신감 있게 행동하는 것처럼 보여 감사할 따름이다. 뭐든지 자기가 할 일은 열심히 하는 편이다. 성실하게 최선을 다해야 한다고 생각하고, 자기가 맡은 일은 온 힘을 다해서 하는 편이라 손바닥이 멍들고 피가 나면서도 뭔가를 한다.

요즘 춤 연습을 하면서 어느 날부터 연예계 진출을 하고 싶다고 엄마를 조르고 있다. 가끔 몇 번을 길거리 캐스팅을 당하기도 하며 부모님 허락을 받아오라고 담당자가 명함을 줘서 가져왔었는데 나는 아직 어려서 안 된다고 말렸다. 자기 스스로 프로필도 만들고 춤 연습을 하면서 많은 호기심으로 연예계에 관심을 많이 두고 있다.

어느 날 집에까지 네 사람이 걸어서 올라갈 때 큰 아이가 "오랜만에 우리 가족이 이렇게 걷네"라고 했다. 가끔 1시간 정도 시간을 내서 버스를 타고 명동 같은 곳을 아빠, 엄마, 자기들이 함께 갈 때면 그렇게 좋아한다. 자주 함께 못해서 그런지 오랜만에 가족이 같이 모이는 것을 두고 아이는 그런 말을 하곤 했다. 그런 말을 들을 때면 우리가 아이들과 너무 시간을 함께하지 못했구나 싶어서 자책감이 들기도 한다.

아이들이 '엄마, 다른 집은 엄마랑 어디 간다. 아빠랑 어디 가는데' 이런 말을 하면 그 집은 여유가 있어서 그렇겠지만 우리는 시간이 없다며 말을 막지만 그럴 때마다 아이들에게 참 미안하다는 생각이 든다. 저렇게 좋아하는데 동네 골목길을 걸어오는 시간은 겨우 5~10분 정도 밖에 안 되는데도 그런 시간조차 많이 갖지 못했다는 게 좀 안쓰럽다.

큰 아들과 달리 딸아이는 그런 표현조차 하지 않는다. 거의 말이 없고 자기표현을 안 해서 학교에서조차 선생님도 아이가 말이 거의 없다고 한다. 어려서부터 남의 손에 많이 길러지고 엄마가 '어디 갔다 올게' 하면 이미 자기들을 떼어 놓고 간다라는 걸 경험적으로 알기 때문인 것 같다. 맨날 한밤중에 들어가고 한 번도 아이들 저녁밥 차려 준 적이 없는데 아이들이 커가면서 그런 부분이 느껴지고 읽혀져 마음에 걸리고 미안하다는 생각이 많이 든다.

사실 딸아이와 아들을 옆에 두고 보면 정말 다르다는 느낌이 들기도 했다. 남성과 여성의 특성이 바뀐 것 아닌가 싶을 정도로

두 아이는 서로 다른 특성으로 자신들의 삶을 만들어 가고 있
다. 한편으로는 그것이 그 아이들의 매력이기도 하다. 나는 그
아이들을 정말 많이도 사랑한다. 자신들이 가진 매력 포인트와
특별한 성품을 인생의 소중한 선물로 여기면서 자신의 삶을 행
복하게 영위해 나갔으면 하고 생각해 본다.

해외 문화
　　봉사 활동

열악한 환경 가운데 진행된 캄보디아 공연

결혼해서 올해가 2016년이니 시간이 많이 지나왔다. 내가 처음 캄보디아를 2005년에 갔을 때 너무 열악해서 아무것도 없는 상태였다. 캄보디아에서 첫 공연을 했던 곳이 프놈펜이었다. 대만, 일본, 캄보디아 순서로 우린 센터 멤버들을 이끌고 다니면서 공연을 했다. 캄보디아에 있는 현지 지사장을 어렵사리 만나 우리 남편과 현지답사를 가게 되었다.

캄보디아 프놈펜에는 서울의 세종문화회관 같은 곳이 있었다. 그런 곳인데도 내부에 시설 장비가 아무것도 없었다. 음향 시설 같은 것들이 아무것도 없어서 빌리고 여기저기 수소문 해서 겨우 객석이 1,500석인 곳에서 공연을 했다. 그런데 거기서 공연을 하는데 비가 계속 왔다. 비가 억수로 오는 상황에 저녁 7시에 공연을 하는데 사람들은 4시부터 오기 시작했다. 비는 억수로 오고 있었다.

신이 쏜 불화살

첫날은 한인들을 위한 공연, 둘째 날은 원주민들을 위한 공연이었다. 한국 사람들보다 원주민들이 더 말을 잘 듣고 순수한 면이 있었다. 비가 너무 많이 오고 건물은 워낙 낡은 음침한 그런 장소였다. 창문도 다 깨지고 바람도 다 들어오고 있었다. 비는 너무 많이 오고 바람이 때리듯 강하게 불어 창문이 '덜덜덜' 흔들리자 나는 두려운 생각이 들었다. 성공적으로 이곳에서 공연할 수 있을지가 의문이었다.

더군다나 교통편이 없는 이곳 현지 사람들이 어떻게 이곳에 올 수 있을까 걱정이 너무 많이 생겼다. 다시는 이곳에 안 올 거라는 다짐을 하며 이렇게 무섭고 외진 곳에 날 이끌 듯 처박아 놓은 남편이 야속하게만 느껴졌다. 공연 시간이 다가오며 어디선가 사람들이 오기 시작했다. 우리 단원들은 안내하며 움직이고 있었다.

그런 상황에서 나는 기도를 했다. '하느님, 이 비를 막아 주세요.' 근데 비가 정말 멈추기 시작했다. 그러면서 사람들이 몰려오기 시작했다. 점점 사람이 차더니 자리를 꽉 메우는 거였다! 우리는 이전의 우려와는 다르게 정말 즐겁게 공연 행사를 했다.

실제 모습은 가 봐야 안다고 누가 그랬던가? 나는 남편을 원망

했던 게 왠지 부끄러워지며 머쓱해짐을 느꼈다. 열악한 상황 속에서 우린 행사를 즐겼고 기쁘게 공연을 마무리했다.

똔내삽 호수 근처의 아이들

　캄보디아의 똔내삽 호수(Tonle Sap Lake)는 서울보다 5배 크다는 동남아시아에서 가장 큰 호수이다. 세계 3위 규모로 세계 최고의 어획량을 자랑한다. 그 호수 근처를 버스를 타고 지나가는데 그곳에 보이는 모든 아이들이 옷을 다 벗고 있었다. 더워서 벗고 있는 줄 알았더니 그게 아니었다. 옷도 없고 신발도 없는 불쌍한 아이들이었다.

　그 아이들이 버스로 몰려 와서는 "원 달러 원 달러", "캔디 캔디"하며 마구잡이로 무엇을 달라고 했다. 그런 경우 절대로 주면 안 된다는 사전 주의를 받았기 때문에 주고 싶어도 줄 수가 없었다. 한국 버스가 지나가니까 여기저기서 아이들이 몰려나오기 시작했다. 그렇게 지나가는 과정 속에 옥수수 줄기 같은 걸로 얼기설기 원두막처럼 지어진 작은 곳에 여덟 명씩이 몰려서 산다고 했다. 지붕만 있는 그런 곳에서 사람들이 사는 걸 직접 보면서 참 많이 울었다.

옷도 없고 신발도 없는 아이들이 대부분 더 작은 조그만 아이들을 허리춤에 안고 그렇게 있는 것을 보면서 너무 눈물이 났다. 가이드에게 '저 애들이 더워서 저렇게 있는 거냐' 물어봤더니 입을 것도 신을 것도 없어서 벗고 사는 거라고 했다. 그 말을 들으니 또 눈물이 났다. 똔내삽 호수에 가면 배들이 많이 있다. 그곳의 배를 타고 물길을 따라 메콩 강으로 연결되는 곳이었다. 그물이 처음에는 시궁창 같이 악취가 진동했다. 그런데 그곳에 다들 집을 짓고 살아가는 것이다. 그 물로 밥 해먹고 빨래하고 대소변 처리하는 것이다.

그곳의 사람들을 보니까 너무 가슴이 아팠다. 배를 타고 지나가다 보니 중간 중간에 그런 집들이 많이 있었다. 사람들은 그곳에서 물고기를 잡아 팔아서 생계를 유지하며 살아가고 있었다. 보통 한 집에 10~12명씩 살아간다. 집이라고 해 봐야 구멍가게만도 못한 상황 속에서 사는 것이다. 그곳을 지나며 아이들을 보니까 먹을 것도 없지만 배울 것도 없는 처참한 상황이었다. 풍족하게 먹을 것도 없는데 겨우 물고기 한 마리 잡아서 식구들과 나눠 먹으며 그 더러운 물로 빨래하고 그렇게 살고 있다. 가만히 보면 그곳의 남자들은 다 집에 누워 있었다. 덥기도 해서 그렇지만

신이 쏜 불화살

일이 없어서 그렇기도 했다.

그곳을 지나가면서 어떤 마음에 감동이 왔는데 이곳에 아이들을 위해서 학교를 지어서 '저들이 공부하게 해 줘야 되겠구나'라는 생각이 들었다. '공부하면서 아이들은 새로운 비전을 갖게 되겠구나' '아이들이 다 모일 수 있는 학교가 있다면 참 좋겠다'는 생각이 들었다. 그곳의 현지인으로 부인과 갓난아기와 사는 지인이 있었다. 그에게 여기다가 유치원부터 세워서 학교를 할 수 있도록 해줄 테니 당신이 홍보와 운영을 하고 우리가 3년간 후원해 주겠다고 했다. 물론, 우리 문화센터 이름으로 진행하는 것이었다.

그런 약속을 하고 아이들을 위해서 1톤 트럭 3대 분량의 쌀과 문구류들을 사 주었다. 나머지 필요한 우리가 조달할 수 있는 것은 다 전해줬다. 그런데 돈을 주면 대충 봐주기 식으로 일하는 현지 경찰들이 제동을 걸며 트럭 3대 분량의 쌀조차도 자기들이 직접 전달을 해 준다고 막으며 방해했다.

그날 톤레삽 호수를 다녀와서 저녁때 광장에서 무대를 설치했다. 밤에 공연을 시작하는 데 또 비가 억수로 쏟아지기 시작했다. 근데 어디선가 중고등학교 학생들이 선생님과 함께 배를 타고 와서 오후 4시부터 기다리고 있었다. 저녁에 비가 좀 그치기 시작하면서 전깃불을 켜니 모기 떼와 하루살이들이 엄청나게 모이기 시작했다. 우리 버스 2대를 양쪽에 배치해서 방음막도 되고

신이 쏜 불화살
....

비 가림막과 무대를 설치하는 기둥 역할을 할 수 있도록 했다.

공연 준비를 하는데 비가 많이 와서 장구들이 비에 젖으니까 소리가 안 나서 이런 식으로는 공연을 못 하겠다 했는데 수많은 사람들이 반대를 하며 우리에게 비를 몰고 오는 행운의 여신들이 왔는데 안 하면 절대 안 된다고 하며 그 많은 사람들이 한 명도 안 움직이고 기다리고 있었다. 우리가 그곳에 갔던 시기가 마침 계절적으로 우기였다. 우기에는 언제 비가 올지 모르고 갑자기 막 쏟아지다가 뚝 그쳤다가를 반복하는 시기였다. 한 번의 비가 많이 오면 길바닥이 다 물에 잠겨서 질척거리고 그러다가 멈추고 해가 쨍쨍 나기도 하며 또 어느 날 갑자기 비가 오는 그런 날씨였다.

그동안은 계속 건기가 지속되다가 비가 왔기 때문에 우리가 비를 몰고 온 행운의 여신인데 왜 공연을 멈추냐고 하며 그 비를 다 맞아가며 있었다. 우리는 비 때문에 북을 칠 수도 없고 장구를 칠 수도 없고 옷이 다 젖어 달라붙은 상황이라 더 이상 할 수 없다고 미안하다고 했지만 결국 끝까지 2시간 공연을 다 마쳤다. 공연 후 그 지역에 담당 군수 등에게 감사패를 전달했다. 그들에게 선물도 전달하며 공연을 마쳤다.

이런 식으로 우린 해외 방문지를 가면 관광지 등을 모르고 대략 약 1주일간 5회에서 10회 정도 공연을 하고 온다. 하루에 공연을 많이 할 때는 2~3번도 하기 때문에 기진맥진하며 쓰러질 때도 있었다. 우리와 기후가 안 맞기 때문에 엄청난 더위 때문에 많이 지치곤 한다. 한 번 공연하면 비지땀을 펑펑 흘리지만, 우리는 신입 회원이나 누구나 할 것 없이 조별로 아침 6시면 일어나서 1시간씩 아침 명상을 한다. 우리는 펑퐁이라고 하는데 각자가 아침 명상을 하고 나서 마음에 와 닿은 것이 뭐냐, 적용한 것이 무엇이냐, 적용할 것이 무엇이냐 등의 의견을 서로 나눈다.

조별, 팀별, 전체 군단 형식으로 나눠서 리더가 있고 한 조에 조장을 포함해서 6~7명으로 구성된다. 어디를 가든 우리 센터 멤버들은 군대식으로 칼같이 움직인다. 어느 지역에 새롭게 가면 낮 시간에 의상을 입고 사람들을 찾아다니면서 오늘 저녁에 이렇게 퍼포먼스가 있다고 동네를 돌며 알린다. 어느 광장 같은 곳에서는 빙 둘러서서 노래를 부르며 그들에게 보여 주며 오늘 이런 일이 있으니까 저녁에 보러 오라고 홍보한다. 그러면 사람들이 막 몰려오고 그러면 그 나라 언어로 홍보한다. "오늘 저녁에 공연하니까 오세요." 그럼 굉장히 효과적이었다.

우리 문화센터가 이런 오지에서의 공연을 통해서 이루어 내는 것은 한국을 알리는 것과 그들에게 문화의 중요성을 알리는 것이었다. 사람으로서 서로 소통을 하고 인류적 가치를 나누는 것에 있어 문화보다 더 좋은 것은 없는 것 같다.

'미약한' 지역에 세워진 또 하나의 역사

캄보디아처럼 더운 지역에서 나는 태양열 아래에서 1시간가량 서 있으면 쓰러지곤 했다. 한번은 너무너무 아파서 호텔에서 나가지도 못하고 있었던 적이 있다. 그 다음 날 밤 9시가 넘은 저녁에 결국 병원을 가게 될 상황이었다. 하지만 병원이 다 문을 닫은 시간이었고, 현지인 지사장님을 통해서 그 센터를 나오는 의사분이 운영하는 병원으로 갔는데 그곳에서도 문을 잘 안 열어주려고 했다. 사정을 해서 검사를 받고 밤새도록 병원에 있다가 나왔던 적이 있다.

몸이 약했던 나는 가는 데마다 1시간 이상 햇볕 아래 노출되어 있으면 이성을 잃고 너무도 몸에 고통을 느꼈다. 병원에서 검사하는 데 상황이 그런 검사를 다 받을 수가 없었다. 그때마다 신에게 기도를 했다. 일단은 더운 지역인 필리핀, 태국 같은 곳을 가면 여지없이 두세번씩 그런 반복된 일상을 치르고 온다.

신이 쏜 불화살

'씨엠립'이라는 곳에 가서 그곳에 또 학교를 세웠다. 그곳에 현지 한국인 지인은 이제 막 초등학교를 세워서 일을 하고 있었다. 거기에 가서 공연하고 일대일로 고아들을 입양했다. 한국으로 데려오는 게 아니라 자매결연식으로 도움을 주는 것이다. 30명, 60명 한 사람이 일대일로 입양해서 도움을 주는 것이다. 60명 정도 입양을 해서 한 사람 앞에 만원 정도씩 보태면 60만 원인데 매달 그런 식으로 3년을 그 아이들 이름으로 지원을 하게 된다. 그곳 한국인 지인이 운영하는 학교에도 지원한다. 학교가 세워져 가는 과정에 지원을 시작했는데 처음엔 초, 중, 고등학교가 생겼고, 지금은 대학원에 병원까지 생겼다. 그렇게 세워진 학교는 캄보디아에서 쟁쟁한 최고의 학교가 되었다.

똔내삽 호수 지역에는 유치원과 초등학교가 운영되고 있다. 그곳의 아이들을 보면 정말 불쌍해서 눈물이 날 지경이다. 그 눈망울을 보면 초롱초롱 빛나고 너무 예쁜데 또 너무 불쌍한 것이다. 그 아이들이 파는 싸구려 목걸이, 팔찌 같은 것들을 일부러 사주기도 한다. 그렇게 하면서 그 아이들에게 필요한 학교를 세우겠다고 결심하게 되어 유치원과 학교를 세우게 된 것이다. 자기들 스스로가 설 수 있고 다른 곳에서 지원을 받게 되면 우리는 다른 곳으로 옮긴다. 그래서 또 3년간 지원을 한다. 그렇게 해서 해외 이곳, 저곳에 아이들을 입양해서 지금까지 지원해 오고 있다.

우리 문화센터는 어려운 상황 속에서, 계속 어렵게 건축 관련 재판을 하면서도 이런 활동을 끊이지 않고 수행해 왔다. 아이들 하고 뒹굴고 지내다 돌아오면 아이들 눈망울이 선했다.

신이 쏜 불화살

잊을 수 없는 산 위의 동네 아이들!

캄보디아에 병원까지 세워진 그곳 학교에는 이미 땅을 사서 운동장이 넓게 있었다. 우리는 그곳에서 공연하기로 했다. 그 운동장에 수많은 아이들이 모여서 우리를 환영했다. 그런데 그때도 비가 또 오기 시작했다. 그래서 광장에서 비 때문에 집회하지 못하고 건물 내부에 무대를 설치해서 공연했다. 그 밤에 비가 계속 오는데도 1,500명이 모였다. 그들에게는 쌀을 주지 않았고 대신에 1인당 5kg 짜리 세탁용 세제를 선물로 주었다. 현지인들 남편에게 이들에게 무엇을 선물로 주면 좋겠냐고 물어보니 세제가 좋겠다고 했다. 그곳에서는 그것이 아주 귀하게 쓰인다고 했다. 모자라서 중간에 또 사 오고 하면서 1,500여 개를 준비해서 그들에게 나누어 주었다.

공연 관람을 마치고 끝나고 나가는 사람들에게 선물을 주었다. 사람들은 줄을 서서 한 사람씩 받고서는 저만큼 가서는 받은 것을 다른 사람에게 맡겨 놓고 또 받으러 줄을 섰다. 보통 한 집에 애들이 4~5명씩 되니까 서로 돌아가며 받으려고 줄 서 있었다. 그런데 우리들은 모르지만, 그들끼리는 서로 상황을 아니까 "너 받았잖아" 그러면서 서로 빼고 했다.

우리가 집회에 갈 때는 똑같은 티셔츠를 몇백 벌을 준비해서 간다. 예를 들어서 씨엠립, 프놈펜 이런 곳에 가면 각각 그곳에 500벌, 1,000벌씩을 준다. 똑같은 디자인의 티셔츠를 나눠 입고 공연을 한다. 다음날 그 학교에서 집회를 마치고 나니 그곳에 근무하는 분이 자기 동네에 와서도 공연을 열어 달라고 부탁했다. 흔쾌히 응하고 그곳을 가게 되었는데 완전히 시골 산골짜기였다. 지금껏 내 기억 속에 잘 잊혀지지 않는 '산 위의 마을'이다. 전기도 없는 곳이었다. 논두렁을 지나서 산으로 올라갔다. 그곳에 오후에 도착했는데 논두렁에 소가 지나가는 그런 곳이었다. 진흙탕 흙길이였기 때문에 맨발로 다 벗고서 앰프 시설과 악기들을 들쳐메고 그곳을 지나가야 했다.

도착해보니 놀랍게도 건물이라고 있는 게 우리나라 소 기르는 외양간 또는 헛간처럼 지붕만 덩그러니 있는 곳이었다. 작은 마당 공간에 무대를 세웠다. 그런데 또 비가 억수로 쏟아지기 시작했다. 전기를 끌어다가 오전 오후 내내 그곳에 무대를 만들었다.

신이 쏜 불화살

그리고 이곳에 정말 사람들이 올까 둘러보니 주변에 집이 띄엄띄엄 몇 개 정도밖에 없었다. 그곳 사람에게 "여기 사람들이 와요? 이렇게 해서 사람들이 올까요?" 물어봤다.

황당한 상황에 마침 그곳 센터 아이들 20명 정도가 와서 노래 연습을 하고 있었다. 그들에게 이곳에 사람들이 사냐고 물어봤다. 7시가 되면 모인다고 했다. 이곳은 소문이 빠른데, 사람들이 호기심이 많아서 그렇다고 했다. 그 시간이 되니 마당에 사람들이 꽉 차는 것이었다. 놀랍게도 1,000명 이상의 사람들이 모였다. 공연 중간에 전기도 나가고 비도 억수로 오는데 이 사람들은 너무 이상하게 한 명도 안 움직이고 요지부동이었다. 그 사람들을 위해 1시간 반 정도 공연을 했다. 그들은 너무 좋아했고, 우리는 그들에게 또 선물을 주었다. 밤 10시 무렵 불빛이 하나도 없는 그 진흙탕 길을 걸어서 버스가 있는 곳까지는 약 1킬로 정도 거리를 가야 했다. 소낙비에 북도 젖고 입었던 한복도 모두 젖었지만, 우린 모두 행복했다.

거기 사는 분들이 후레쉬를 비춰 주었지만, 악기와 짐들을 다 들고 미끄러지고 넘어지고 하면서 좌충우돌 겨우 버스까지 왔다. 그런 식으로 약 다섯 번의 공연을 했고, 고아들 60여 명과의 후원과 결연을 캄보디아에서 진행했다.

    문화센터를 운영하면서 보람있는 것은 그런 우리들의 활동에
사람들이 미소로 화답한다는 것이다. 노력은 힘이 들지만, 그들
이 필요한 도움을 받았다는 것을 생각하면 절로 힘이 난다.

신이 쏜 불화살

예루살렘의
찬란했던
여정

낯선 '신의 도시'를 위한 위로

이제, 이 책 서두에서 언급했던 예루살렘에서의 공연 이야기를 다시 해 보려고 한다. 이스라엘의 수도가 텔아비브이다. 인구가 45만 명인데 어제 인터내셔널 국제 뉴스에 인구 절반인 20만 명이 동성애 축제를 그곳에서 진행했다. 전 세계 최고의 동성애 축제가 그곳에서 벌어지고 있다. 거기에 우리가 공연을 하기 위해 참여하는 거였다. 전 세계에 다양한 단체와 지도자들이 많이 갔지만, 이렇게 시 차원과 정부 차원에서 허락받은 것은 우리가 최초일 것으로 생각된다. 사상이나 종교적인 특색 없이 행사하는 것을 전제로 하는 공연이었다.

이 크지 않은 문화센터가 누구든지 와서 보면 몇 만 명 규모의 대형 문화센터가 할 일을 한다고 평가하곤 한다. 사실 너무나 힘들게 이 공연 문화를 이끌어 왔고, 여기까지 온 것이다. 예술제 형식으로 단독으로는 한국에선 서울특별시와 종로구청,

그리고 한인회에서 후원과 협력을 해서 진행했다. 방송 장비만 하더라도 1억 가까이 들어가는데 이런 규모의 행사를 우리 측 사단법인인 국제열린문화교류회의 지원도 함께 더해진 공연이었다.

　이번 공연은 여러 가지로 뜻깊은 공연이었다. 남편이 진행해 온 많은 프로그램들은 유대인들을 배경으로 한 것들이었고, 그들의 문화를 반영한 것들이 많았다. 유대인 결혼식이나 그 외의 문화적 프로그램들 다수가 그랬다.

　오랜 시간 준비해 왔던 노력을 필두로 마침내 2016년 여름, 사단법인 국제열린문화교류회(OSIE)가 주관해 한국과 이스라엘 수교 54주년을 기념해 예루살렘 심장부에서 '아리랑 페스티벌'

(ARIRANG Korean Cultural Performance for Israel)이 성황리에 진행된 것이다. 이스라엘 현지에서 단일 행사로 최대인 유대인만 1만여 명이 다섯 차례에 걸쳐 참석했다.

예루살렘은 문화적으로 볼 때 익숙함이 있는 도시였지만, 한편으로는 전에 방문해 본 적이 없는 낯선 도시였다, 그곳 현지 사람들에게 있어 한국인의 공연 역시 낯선 것이었다. 책 서두에 있었던 대로 공연의 성공은 우리 모두에게 만족스러운 것이었다.

신이 쏜 불화살

비길 데 없는 정성, 그리고 헌신에 고마워요

이 특별한 공연을 위해서 단원들은 많은 희생을 했다. 알고 보면 우리 센터에서 많은 지원을 해서 그곳으로 간 것 같지만 실은 그렇지가 않다. 멤버들 각자가 400만 원 정도의 경비를 자비로 해결해서 그곳에 다녀온 것이었다. 모두 일사분란하고 조직적으로 움직였다.

솔직히 나는 그들의 그런 협조가 없었다면 이 모든 일정들이 가능하지 않았으리라 생각한다. 나는 예루살렘 공연을 위한 세부적인 부분들을 이 책을 통해 언급하기 이전에, 특별히 나와 남편을 믿어 준 센터의 팀원들, 그리고 센터의 지원자들 모두에게 마음 깊은 곳에서 우러나온 감사를 표하고 싶다. "모두 정말 고마워요!" 나와 남편에게 있어서 그들 모두는 소중한 사람들이다.

1년 동안의 준비

어릴 때 초등학교 시절, 소풍 전날이면 가슴이 콩닥콩닥 뛰며 들떠서 밤새 잠을 이루지 못했던 기억이 떠오른다. 소풍 가는 하루 전날처럼 나와 우리 단원들 모두 이스라엘로 출발하기 전날 밤은 그 시절 어린아이들의 마음과 같았을 것이다. 이스라엘로 떠나게 되는 이날까지 1년간의 준비 기간이 있었다. 마치 영화 제목처럼 1년 만에 외출을 하는 셈이다.

드디어 출발 당일이 왔다. 비행기 시간은 오후 3시 30분이었지만, 우리는 8시에 출발하여 공항에 아침 9시에 도착했다. 무려 비행기가 출발하기 6시간 전에 도착했다. 보통 국제선을 이용할 경우 출발 3시간 전쯤 공항에 가는 것이 일반적이다. 그런데 이런 까닭은 때마침 일주일 전 동생이 미국으로 출국하게 되어 같이 공항에 나갔을 때 아침 7시에 도착하였지만, 공항에 수많은 인파로 인해 너무나 정신이 없었던 것을 경험했기 때문이다.

신이 쏜 불화살

우리가 출발하는 그 날은 인천공항이 생긴 이후에 가장 많은 여행객들이 몰린 날이라고 했다. 여름 휴가철 최고의 인파가 몰린 날, 우리는 1년 만의 긴 외출을 준비했다. 그런데 1년 만에 외출이 그냥 밋밋하게 지나갈 리가 없었다. 출국 절차를 밟게 되었을 때, 우리 일행들의 짐 200여 개를 모두 뜯어 그곳에서 규정한 사이즈의 박스를 구매하여 다시 세팅해야 되었다. 그동안 해외 공연 시 100여 회 공항을 이용했지만 새롭게 바뀐 규정 때문에 우리의 짐들이 오버사이즈라 짐 박스 하나를 풀어서 두 개의 박스로 새롭게 포장을 해야만 했다. 장구, 북 등 악기를 포함하여 우리의 모든 물품을 새로 정리하다 보니 4시간이 소요되었다. 큰 북인 대고 같은 것은 어쩔 수 없이 그냥 실어야 했고, 결국 새롭게 박스를 사는 비용을 포함하여 추가요금으로 100여만 원을 지불해가며 생고생을 해야 했다.

작년에 일본에 공연차 갔을 때만 해도 아무 문제 없이 가지고 갔던 공연 관련 물품들을 올해는 그대로 가져갈 수 없다는 것이 너무 황당하고 여행사에서 제대로 알려주지 않은 것 때문에 분통이 터졌다. 공항에 아주 넉넉히 도착을 했지만, 정말 짐들을 뜯어서 그 난리를 치다 보니 4시간 이상이 소요되었고, 짐을 다 부치고 화장실만 다녀와서는 바로 비행기를 타야 했다. 정말 코미디 영화처럼 공항에 일찍 왔다가 짐 부치고 화장실만 다녀와서 너무나 시간이 촉박하게 바로 비행기를 탔다. 아주 여유있게 도착했다고 생각했던 것이 정말 너무나 급박하게 숨쉬기 힘들 정도로 시간을 다투어 결국 비행기를 탔다.

과장되게 표현하면 공항에 들어가자마자 딱 비행기 타는 것으로 끝났던 것 같다. 과장이 아니고 실제 체감한 느낌이 그런 느낌이었다. 정말 시간이 촉박했다. 공항 관계자에게 사정을 좀 봐달라, 안 된다, 그럼 어떻게 하나 등 실랑이를 하며 올해부터 규정이 바뀌었다는 말을 듣는 그 순간은 정말 너무나 정신이 없었다. 대한항공 규정이 그렇게 바뀌었다니 할 말이 없었다. 우리는 수십 개의 박스를 새로 사서 다시 짐 정리를 해야만 했다. 마침 공항에 지인이 관계자로 있었지만 어쩔 도리가 없었다. 이스라엘 테러 때문에도 짐 하나하나를 무척 강도 높게 검사하기 때문이었다. 심한 경우 북 같은 경우 북을 찢는 경우도 있다고 했다. 엑스레이로 다 조사를 하면서도 아무튼 인천공항에서 잊지 못할 해프닝을 남기고 출국했다.

이전 100여 회의 출국 때도 매번 그랬지만, 우리 팀이 비행기를 타자 기내 '환영 멘트'가 안내 방송으로 나왔다. "지금 이 비행기에는 사단법인 '국제열린문화교류회' 이사장님과 단원들이 탑승하고 있습니다. 환영합니다!" 우린 이것을 활동하기 위한 신호

탄으로 보았다. 앞으로 있을 일들에 대한 선전포고인 셈이다. 어떤 어려움이 있더라도 우리가 하기로 한 일들을 완수하겠다고 말이다.

출국 때 너무 힘든 고생을 했기 때문인지 신기하게 이스라엘 공항에 밤 10시경 도착했을 때는 너무나 조용하게 아무런 문제 없이 나올 수 있었다. 1년간 준비했던 그 1년 만의 외출은 이렇게 큰 난리를 치르면서 첫날을 시작했다.

이스라엘 도착한 다음 날은 일요일이었다. 우리는 배를 빌려서 갈릴리 바닷가에서 배를 이용했다. 그런데 세상에 날씨가 기온이 45도였다. 얼마나 더웠는지 말도 못할 지경이었다. 더운 게 아니라 뜨거웠다. 이스라엘에 도착해서 한나절 만에 우리 일행들은 다 얼굴이 익어버렸다.

갈릴리 바닷가에서 관광을 하고 하이파(Haifa)에 있는 숙소로 돌아오면서 바하이 사원(The Baha'i Shrine)에 들렀다. 하이파란 도시는 이스라엘에서 세 번째로 큰 도시고, 기다란 이스라엘 지도 상에서 북서쪽에 위치하고 왼쪽으로 지중해를 바라보고 있는 항구 도시이다. 하이파 도시의 옛 이름은 카리파라고 하는데 지금의 이름인 하이파는 히브리어로 '아름다운 해변'이라는 뜻이 있다고 한다. 인구가 30만 명 정도 되는 이 도시는 이스라엘 북쪽 지역에 심장의 역할을 하고 있고, 이스라엘에서 가장 크고 아름답다고 알려진 갈멜산의 기슭에 위치하고 있다. 공업이 발달한 이 지역은 이방인들이 쉽게 올 수 있는 항구 도시의 지역적 특성 때문에 다양한 인종과 종교가 혼합되어 있다.

또한, 바하이교의 성지로서 2008년 유네스코에서 세계문화유산으로 지정된 바하이 사원이 있다. 위에서 내려다본 바하이 정원은 너무 아름답고 정말 입이 딱 벌어진다. 이 놀라운 장소에 대하여 설명을 들어보니 1987년도 바하이 세계본부가 캐나다의 건축가를 선임하여 전 세계 바하이 신도들의 가장 성스러운 순례지 중 하나인 이곳에 18계단으로 된 기념비적 테라스를 설계하도록 했다고 한다. 테라스는 계단이 산 위로 1km, 계단 높이가 225m, 조경 폭이 60m에서 400m 가량 된다고 한다. 바하이 정원 제일 위에서 바닷가 쪽을 바라보며 바라본 전망은 정말 뭐라 표현할 수 없을 정도로 장관이었다. 뜨거운 햇살 아래 신기한 정원을 바라보며 그렇게 '하이파시의 서울 광화문 같은 곳에서 우리의 1차 개막 공연을 마쳤다.

다음 날 월요일은 하이파 대극장에서 메인공연을 하기로 예정된 날이었다. 한국에서 출발하기 전에 티켓팅 상황을 확인했을 때 200명 정도가 예약했다고 했다. 이 공연을 준비하면서 하이파 시의 공무원 관계자들조차도 이 시기가 방학 기간이고 성전 파괴일 애도 기간이며 아주 더운 시기이기 때문에 사람이 모이기 힘들다고 우리에게 400석 규모의 소극장에서 공연할 것을 권했다. 이스라엘 자기들 나라 사람들도 이곳에서 1,200석을 다 채우기 힘들다고 말했다.

하지만 우리는 강력하게 반대를 하며 1,200석 대극장에서 공연하겠다고 강행을 했다. 결국, 갈등과 협의 끝에 공연 일주일 전에야 이스라엘 공무원들을 설득하여 1,200석 대극장에서 공연을 확정지었다. 그런데 공연 당일 날 현재 상황에서도 약 300석 정도 예약이 되어 비관적인 반응이 나왔다. 우리 측의 현지 관계자조차도 잘하면 700명은 될 거라며 말을 흐렸다. 하지만 우리는 확신을 갖고 있었다.

그러나 보이는 현실은 정말 암담한 상황이었다. 한국 사람들이 해외에서 교포들을 대상으로 하는 행사도 아니고 어떤 종교적인 모임도 아니고 이곳 이스라엘 현지에서 유대인을 대상으로 한국인인 우리가 공연하는 행사다. 이건 누가 봐도 불볕더위에 방학 기간이고 국가적 애도 기간에 불가능한 일이었다. 잘 될 거라는 확신 속에 두렵고 떨리는 불안감이 강하게 솟아났다. 보이는 현실은 암흑처럼 아무것도 없고 나만의 확신은 작은 촛불 같은 희미한 빛이었다. 그런데 그 촛불 앞에서 바람이 불기 시작하는 것이었다. 길지 않은 시간이었지만 극도의 스트레스와 심적 갈등이 일어났다.

6시가 좀 지나면서 사람들이 모여들기 시작했다. 6시 반 무렵 혼자서 감당이 안 되었다. 사람들이 너무 많이 몰리면서 밖에서는 일종의 시위 같은 게 일어났다. 공연시간은 7시였지만 소란스러운 상황 때문에 부산하게 움직이면서 정리할 시간이 필요했다. 간신히 400명가량 관객이 올 꺼라 예상 했었는데, 바깥 상황은 무슨 폭동이 일어난 듯했다. 예상을 뒤집는 반전이었다. 좌석 지정 때문에 관객들 간에 말싸움이 심해졌다. 사람들이 줄을 끝없이 서 있는 모습을 보며 비로소 안심되었다. 현지 상황과 인터넷 상의 예약된 내용을 보면서 가슴 졸이면서도 나만의 작지만 확실한 확신을 갖고 있었던 그 믿음이 확인되는 순간이었다. 극적이고도 너무 감격스러운 순간이었다.

결국 예정시간보다 30분이 지난 7시 30분에 공연의 막이 올랐다. 끝없이 몰려드는 관객들 때문에 늦게 공연이 시작되었지만, 극장 내부에 객석 줄마다 여성인 안전요원들이 반짝반짝한 눈빛을 하고 긴장한 상태로 서 있었다. 시에서 보낸 안전요원들이 우리의 공연 때문에 야외 행사와 실내 공연장과 관련해서 비상근무 체제로 일하고 있었고, 총을 들고 지키는 요원들과 사복 요원들까지 우리로 인한 테러 위협과 안전 관련 문제로 비상근무했다는 소식을 나중에 대사관을 통해서 알게 되었다. 예루살렘 노천 광장에서 행사가 진행될 때에는 총을 든 군인과 경찰들이 입구에 배치되어 있었고, 행사장 중간중간에는 사복 경찰들이 있었다고 한다.

이방인인 우리가 알 수 없었던 초긴장감이 뜨거운 태양 아래 이스라엘 하늘 아래 흐르고 있었다. 우리 단원들이 시내에서 만나는 사람들에게 행사 관련 안내장을 주었을 때 그 안내장에 표시된 이스라엘 국기를 보고 아랍 사람들이 심하게 불쾌한 표정을 하고 전단지를 찢던가 구겨서 얼굴에 던져 그 때문에 우리 단원들은 굉장히 긴장했다.

1,200석 극장은 단 한 자리도 비는 자리가 없이 계단에까지 꽉 찼다. 그러자 안전 요원들은 문을 잠갔고, 아쉬워하며 돌아가는 사람들의 숫자가 들어 온 사람들보다 많았다고 한다. 극장 관계자의 말로는 3,000여 명이 찾아왔었다고 했다. 공연은 성황리에 끝났고 객석에 관객들도 울고 우리들도 울었다. 이스라엘 국기와 국가가 나오는 장면에서 모든 사람들이 자리에서 일어나는 모습을 보게 되는 그 순간의 벅찬 감동은 정말 잊을 수가 없다. 저들이 나라를 사랑하는 마음일까? 국가의 가사 속에 담겨있는 내용처럼 가슴에 사무치는 무엇 때문일까? 깊이 알 수는 없지만 표현할 수 없는 감동을 느낄 수 있었다.

우리의 공연을 보고 감동받은 이스라엘 사람들은 '당신들이 우리를 위해서 이렇게 축복하러 와 준 것에 대해 너무나 고맙고 감사하다'는 표현을 했다. '종교는 다르지만 당신들이 우리를 진심으로 생각해 주는 그 마음이 너무 고맙다'고 했다. 감사하게도 8월 1일 저녁 7시 반에 하이파 오디토리움에서 객석을 메우며 성황리에 행사를 마칠 수 있었다.

신이 쏜 불화살

쉽지 않은 도전을 받아들이다

책 처음에 언급한 대로 우리가 공연한 그때는 성전 파괴일 (Tisha B'Av 티샤 베 아브) 주간이었다. 하늘 위를 날고 있는 비행기 안에서 이스라엘 땅을 내려다 볼 때는 모든 것이 작은 동화 속 그림처럼 보였다. 그동안 어려운 상황 속에서 버거웠지만, 마침내 우리가 준비한 프로젝트가 꽃을 피울 시간이 온 것이다. 지난 40년간 문화를 통한 국제 교류를 목표로 남편이 비전을 가슴에 품고 걸어온 고난의 결실이란 생각이 들었다.

남들은 그저 단순히 북 치고 장구 치는 공연이라고 볼 수 있겠지만, 이 모든 것의 영감이 40년 전부터 시작되었고 우리는 40년간 준비해 왔다. 그리고 1년 전 2015년, 이번 공연 행사에 대해 결정을 하고 4개월간 실무 준비를 거쳐 먼 나라 이스라엘의 예루살렘에서 마침내 한국의 가락 '아리랑'이 울려 퍼졌다.

우리가 이스라엘에 도착했던 때를 잠시 회상해 본다. 2016년 7월 30일 토요일, 뜨거운 여름날 드디어 머나먼 이국땅 이스라엘에 왔다. 대한항공 직항기로 오후 3시에 인천국제공항을 출발하여 이스라엘 텔아비브 국제공항까지 약 12시간을 비행해서 이스라엘 현지 시각으로 7월 30일 밤 9시에 도착했다. 우리 일행 70명은 '사단법인 국제열린문화교류회' 이름으로 2016년 7월 30일부터 8월 6일까지 예루살렘에서 '아리랑 페스티발'을 주최했다.

　이국땅에서 낯선 이방인인 한국에서 온 우리들이 이스라엘의 중요한 절기인 '성전 파괴일'에 페스티발을 주최한 것은 커다란 모험이며 불가능한 일이기도 했다. '성전 파괴일'은 이스라엘 국가의 중요한 절기인 성서력으로 5번째 달인 아브(Av)달 9일로 '티샤 베 아브(Tisha B' Av)' 라고 부른다.

　이날은 다섯째 달의 금식을 하는 날로서 역사적으로 저주의 날이라고 한다. 그 기도는 BC 586년, 바빌론 군대가 솔로몬의 제1성전을 파괴하였고, AD 70년, 디도와 로마 군대가 헤롯의 제2성전을 파괴하여 두 번이나 성전이 무너진 날이 아브(Av) 9일이라고 한다. 이 기간은 이스라엘 국가적으로 슬픈 날이기 때문에 축제 행사 같은 것은 공식적으로 금지되어 있고, 3주간 여러 가지 금지된 행동들과 규칙이 적용되는 전통이 있다.

신이 쏜 불화살

금식과 금주를 해야 하고, 성관계 및 남녀 간의 신체적 접촉과 수영, 화장, 가죽신을 신지 말아야 하는 등의 금지 조항이 있다. 또한, 잠조차도 편히 자는 것을 허용치 않아 베개를 사용하지 않고 바닥에 웅크리고 불편하게 자도록 하고, 세 명 이상 모여서 이야기하지 말기, 샤워 금지, 토라 공부하지 않기, 바닥에 앉거나 낮은 의자에만 앉기, 인사(샬롬) 금지, 말을 걸어와도 답하지 않기, 흡연 금지와 같은 금기 사항들이 있다.

한국인의 정서로는 정확하게 인식하기 어렵겠지만, 조선 시대의 국장과도 같은 나라의 커다란 슬픔을 함께하는 애도 기간으로 역사적으로 매우 중요한 절기다. 그런 전통적인 절기이기에 어떤 종류의 축제나 큰 행사를 할 수 없었던 상황에 우리가 페스티발을 하게 되어 초반부터 어려움이 많았다. 하지만 기적이 일어났다. 외국인들끼리 하는 행사가 아닌 유대인들이 참석하여 1만여 명이 모인 이런 행사는 이스라엘에서 처음 있는 일이라고 한다.

동양의 한국 사람들 70명이 12시간을 날아가 유대인들을 위한 행사를 국가적 애도 기간인 '성전파괴일' 기간에 주최하여 7일간 1만여 명이 모여 함께 했다는 사실은 이스라엘 관계자들과 우리 단체의 모든 사람들에게도 뜻깊고 감동적인 사건이었다.

뜨거운 이스라엘의 여름 날씨 못지않게 함께 했던 모든 우리 일행들의 가슴을 뜨겁게 한 몇 가지 에피소드가 더 있었다. 역사적으로 가려졌던 6·25 전쟁 기간에 한국군과 이스라엘 간의 에피소드였다. 1948년 이스라엘과 대한민국은 세상에 공식적으로 드러나기 시작했다. 두 나라가 새롭게 일어나야 하는 혼란한 시기였고, 1950년 6·25 전쟁이 발발했을 때 이스라엘의 4천여 명 군인들이 이스라엘의 이름으로 참전하지 못하고 미군과 영국군의 성원으로 우리를 도와 6·25 한국 전쟁을 위해 목숨을 바쳤다고 한다.

이 내용은 이스라엘 사람들조차도 잘 모르던 일이었고, 불과 얼마 전에 세상에 알려진 일이었다. 남편은 사단법인 국제 열린 문화교류회의 회장으로서 메시지를 전하며 "이곳에 참석한 여러분들의 아버지와 형제들이 그때 우리나라를 도와 전쟁에 참여했던 것을 감사하게 생각한다"라고 말하자 장내가 술렁이며 모두 다 울기 시작했다. 때마침 그곳은 브엘쉐바 군인 휴양지에서 진행된 4차 집회였기에 한국전에 참전한 참전 용사들 생존자와 그 유가족들이 그 자리에 있었고, 역사적으로 한국과 이스라엘이 혈맹으로서 형제애를 나눴다는 사실이 큰 감동을 주었다.

함께 한 70여 명의 단원 모두가 흘린 한 방울의 땀조차도 헛되

신이 쏜 불화살

지 않았다. 부족함이 있었겠지만, 우리의 땀과 정성이 이스라엘 땅에 진심으로 남겨졌다. 행사장에서 함께 했던 이스라엘의 국가유공자는 이러한 메시지를 전해왔다.

"여러분들은 이스라엘의 평화의 친구들입니다. 여러분들이 눈물을 흘리는 모습을 보고 나도 함께 눈물을 흘렸습니다. 왜냐하면, 진심을 나눠 준 진실한 친구이기 때문입니다."

"함께 보고 싶고 함께 기뻐하고 즐거워하며, 함께 자유를 얻은 한국과 이스라엘은 영원한 친구 나라입니다."

한국과 이스라엘은 참 비슷한 요소가 많은 나라인데, 이번 행사를 통해 두 나라가 행복한 친구라는 사실을 확인하는 자리가 되었다.

사단법인 국제열린문화교류회OSIE의 역할

돌아보면 지금까지 우리 사단법인 국제열린문화교류회(OSIE)는 1998년 7월 제1회 서울 북부 시민을 위한 집회를 시작으로 설립해서, 국내 외에서 88차 310여 회에 걸쳐 한국 전통문화 집회를 열어 문화 예술 민간외교 사절단의 역할을 감당해 왔다. 그동안 대만, 태국, 중국, 아프리카, 캄보디아, 미국, 캐나다, 미얀마, 인

신이 쏜 불화살

도, 필리핀, 멕시코, 일본 등 수십 개의 나라에서 공연한 바 있으며, 제3 세계 재난 현장을 지원하고, 학교 및 보육원 건립 등을 진행해 왔다. 이번 이스라엘 행사를 진행하면서도 형편이 어려운 유대인 네 가정을 지원하기로 MOU를 맺었다.

그동안 사단법인 국제열린문화교류회(OSIE)는 한국 전통문화를 예술과 접목하여, 전 세계를 무대로 문화교류 사업을 펼쳐왔다. 우리 단체의 역량을 모아서 쉽지 않은 이번 이스라엘 공연을 위해 70여 명의 스텝들이 1년 여를 준비했다. 특별히 이스라엘 사람들이 함께 공감하고 힐링받을 수 있는 프로그램을 구성하여 매 공연마다 큰 감동의 박수를 받았고 환영받았다.

이번 공연 집회는 이스라엘이 약속의 땅에 들어간 뒤 첫 희년(BC 1367년)을 지킨 후, 70번째 대희년(2015년 9월~2016년 10월) 중 진행되어 7월 30일부터 8월 6일까지 총 5차에 걸쳐 주요 장소에서 유대인만 연인원 1만여 명이 참여한 최대 집회였다.

그동안 마음고생을 하며 준비한 이번 행사가 마침내 2016년 7월 31일 오후 6시, 하이파 바하이 사원 벤구리온 대로에서 개막 공연을 가진 후 2차 공연으로 8월 1일 오후 하이파 대극장에서 메인공연을 개최했다. 성전파괴일 기간이라 관객들 참여가 어려울 것으로 판단한 이스라엘 현지 관계자들이 공연 장소를 소극장으로 변경하자고 건의를 할 정도로 사전 상황은 매우 부정적이고 걱정스러운 난국의 연속이었다.

하지만 이변이 일어났다. 하이파 대극장이 이스라엘 최대 규모임에도 좌석 부족으로 입장하지 못한 인원을 포함해서 약 3,000여 명이 아리랑 공연을 찾아왔다고 극장 관계자들이 전했다. 하이파 대극장에서의 공연을 통해서 현지 관계자들도 우리 단체에 대해 사전에 지식적으로 알던 공연 단체가 아닌 뭔가 있는 놀라운 단체라고 인식을 하게 되었다.

특히 2차 집회 때, 하이파 시를 대표해서 하이파 시장을 대신해서 환영사를 한 브라카셀라는 "한국과 이스라엘 교류의 발전을 공연을 통해 볼 수 있어서 기쁘다. 오늘은 즐거운 축제의 날, 기쁨의 날"이라며 환영사를 전했다. 또 다른 하이파 시청 관계자는 "한국의 문화 속에 숨겨져 있는 이스라엘을 발견한 것 같다. 전통 혼례를 통해 유대 문화와 한국 문화 사이에 유사성이 있음을 보았다"고 말했다.

그리고 8월 2일 오후 6시, 3차 집회는 예루살렘 벤 예후다 거리와 시온 광장에서 열렸으며, 4차 공연은 8월 3일 오후 7시 30

신이 쏜 불화살

분, 브엘쉐바 군인휴양지에서 열렸다. 4차 공연은 기존 공연과 달리 한국 전쟁 당시 영국, 미국 국적의 유대인 청년 4천여 명의 참전 용사 중 전사자와 유가족, 생존 참전 용사들의 희생과 숭고한 정신에 남편인 권병기 이사장이 감사의 메시지를 전함으로 장내가 울음바다로 변하며 한국과 이스라엘이 친구로서 함께 한다는 의미를 더했다.

공연집회에 참석한 브엘쉐바, 베이트 로켐의 합창 리더, 이스라엘군 장교 출신 유대인 남성, 이날 휠체어 댄스를 선보인 휠체어 농구선수인 유대인 상이군인은 "정말 환상적이고 아름다운 공연이었다. 모든 순서가 즐거웠다. 의상도 매력적이었고, 전통 혼례도 재미있었다"고 말했다.

그리고 마지막 5차 행사는 8월 4일 오후 예루살렘 퍼스트 스테이션 광장에서 진행되었다. 한국 전통 음악과 전통춤, 전통 혼례 등과 함께 현대식 이미지의 무용극 등이 함께 어우러졌다. 한국의 명동과 같은 젊은이들이 가장 많이 모이는 이곳에 한복을 곱게 차려입은 70여 명의 공연단이 부채춤과 사물놀이, K-pop 댄스 등을 선보이자 신기하게 1,000여 명의 관객이 순식간에 모여들었다. 1차 집회에 참여한 한 유대인 여성은 "공연을 통해 여러분의 오래된 전통문화와 현대 문화를 함께 보았다"며 "이스라엘과 한국이 연합되는 분위기여서 정말 흥분되는 시간이었다"고 소감을 말했다.

　이번 2016년 이스라엘에서 진행된, 아리랑 공연 집회는 총 예술 감독 윤순자, 무대감독 박미현, 국악감독 박소현, 극 연출과 통역 이승비, 행정 송은경 등의 주요스텝을 중심으로, 히브리어 합창, 대고, 개천무, 힙합댄스, 부채춤, 아리랑 장구춤, 하늘의 소리, 사물놀이, 영상과 이미지 무용극, 전통 혼례 등으로 진행됐다. 70여 개의 대형 깃발이 무대에 등장한 가운데 진행된 피날레는 한국의 아리랑과 이스라엘의 국가 하티크바가 장식했다. 5차례의 공연 중 거의 모든 공연에서 진행된 전통 혼례는 현지 유대인 남녀를 신랑, 신부로 섭외해 한국 전통 혼례복을 입혀 함께 출연하는 등 유대인 참여자들에게도 특별한 경험과 이벤트를 제공했다. 유대인들이 보기에는 재미있고 신선한 자극이 되어 너무 행복해했다.

The Open Society for
Intercultural Exchange,Inc.
(사)국제열린문화교류회

신이 쏜 불화살

현지인들의 극찬과 호평

또 5차 집회에 참석한 현지 언론의 오스낫 그린필드 기자는 "이번 공연이 다른 공연과 다른 점은 유대인과 이스라엘에 대한 공연단의 사랑과 헌신이 담겨 있다는 사실"이라며 "유대 문화, 역사, 종교에 대한 깊은 지식과 심지어 깃발에 담긴 문양까지 철저한 연구를 통해 세심하게 표현한 사실에 너무나 놀라고 감동했다"고 감상평을 전했다. 이어 "우리 유대인은 전 세계에서 미움받는 것에 너무나 익숙해 있다. 우리가 하는 일마다 원망과 질타를 받아온 건 물론이고, 심지어 이스라엘의 존재 자체가 증오의 대상"이라며 "이런 상황에서 공연을 통해 받은 이스라엘을 향한 무조건적인 사랑과 지지는 신선한 충격이었다. 이 사랑이 담긴 깜짝쇼를 우리 유대인은 절대로 당연하게 받아들여서는 안 된다"고 덧붙였다.

역시 5차 집회에 참석한 예루살렘 노암 엘레에젤 연구소 대표이자 랍비인 아라브 이삭은 "유대인과 기독교인 사이에 다리 역할을 하며 하나님과 성경, 이스라엘을 사랑하게 하는 것이 연구소의 목표인데 오늘 이 공연이 그런 날"이라며 "아시아의 끝 한국에서 이스라엘을 격려하고 찬양하기 위해 여기까지 온 여러분들을 만나 정말 기쁘다"고 말했다.

이번 공연은 이스라엘 예루살렘의 홀리랜드 대학교가 주최하고 OSIE가 주관했으며, 서울특별시, 종로구, 재 이스라엘 한인회, 이스라엘-한국친선협회(IKFA), 한국-이스라엘친선협회(KIFA), 예루살렘 한국문화원(KCC)이 후원했다. 이번 집회를 주최한 홀리랜드 대학교(University of the Holy Land)의 스테판 팬 총장(Stephan J. Pfann)은 "OSIE는 단순한 집회가 아니라 정말 사랑을 공유하고 교류하는 집회를 보여주었다"며 "단원들이 1만여 명 이상의 유대인들을 위로하고 힐링해 주었다는 데 감사하다"고 말했다. 이스라엘의 유대인협회 친선대사 데보라(Dvora Ganani) 여사는 다음 공연 집회를 거듭 부탁하며 "예루살렘에서는 최소 3번 이상 공연해 달라"고 요청하기도 했다.

이스라엘에서의 하루하루가 모두 특별했지만, 더욱 뜻깊은 순간이 있었다. 국가를 위해 평생 헌신한 국민에게 수여하는 이스라엘 국가공로상의 2011년 수상자인 훌다 여사(Vered Hulda-Gurevich)는 "여러분들은 이스라엘의 평화의 친구들이다"며 "여러분이

신이 쏜 불화살

눈물을 흘리는 모습을 보고 나도 함께 눈물을 흘렸다. 왜냐하면, 진심을 나눠 준 진실한 친구이기 때문"이라며 감동을 전했다. 밤늦게 남의 집을 방문하는 것이 크나큰 실례로 알고 있는 유대인의 전통이 있음에도 불구하고 이스라엘의 국민적 영웅이며 올해 89세의 홀다 여사께서 공연이 끝난 후 밤 12시 무렵 늦은 시간에 공연단 숙소인 호텔을 방문해줬다. 너무나 유명한 분이라 이스라엘 사람들은 홀다 여사를 모두 다 아는 듯했다. 홀다 여사는 우리의 공연을 보고 너무 감동을 받았다며 직접 격려와 감사의 뜻을 담아 우리 단원들에게 선물을 전해 주었다. 살아 있는 천사인 양 'White Angel'로 불리는 하얀 옷을 입은 홀다 여사의 진심 어린 감사의 마음이 우리를 감동하게 했다.

이스라엘에서 느낀 삶의 행복, 의미

이스라엘은 우리와 전통이 비슷한 면이 많고 뭔가 통하는 부분이 많다고 느껴졌다. 이스라엘 사람들은 우리 한국 사람들을 진심으로 좋아해 줬다. 빡빡한 일정에 분명 낯선 땅이고 너무 뜨거운 햇살 아래 우리 단원들과 모든 일행들의 육체는 피곤했지만, 뜨거운 열기 속에 아지랑이처럼 피어오르는 행복감이 있었다.

돌아오는 날 차를 기다리며 뜨거운 이스라엘 거리에서 더위를 식히려고 부채질을 하고 있었다. 이스라엘 공연을 위해 우리가 가지고 갔던 5,000개의 아리랑 부채가 이번 행사에 왔던 많은 사람들에게도 전달되었기 때문일까? 차를 타고 지나가는 사람들이 우리를 알아보고 창문을 열어서 "아리랑 최고!"라고 말하며 손을 흔들어줬다. 그 짧은 순간 지나치는 그들의 얼굴에 활짝 핀 미소가 정말 보기 좋았다. 대단한 어떤 성과가 아닌 우리의 땀과 노력으로 말이 다른 이국땅의 낯선 사람들의 얼굴에 환한 미소가

신이 쏜 불화살

피어나는 작은 기적이 일어났다. 송글송글 땀 방울처럼 내 가슴에 행복한 느낌이 솟아 나는 듯 기쁘고 감사한 순간을 경험했다. 전에 알지 못했던 기쁨, 서로가 문화를 통해서 통하는 즐거움, 이 순간 나는 참 행복하다.

이번 공연을 위해 많은 단체와 관계자분들이 참여했다. 이스라엘 한인회의 임원진은 성공적인 공연 진행을 위해 모든 공연에 참여하며 헌신적으로 섬겼다. 특히 양달선 회장은 이스라엘에서 한국인으로 긍지와 자부심을 일깨워 준 데 감사하며 남편이기 전에 우리 단체의 대표인 권병기 이사장에게 감사패를 전달했다.

또한, 테러의 위협 때문에 주 이스라엘 한국 대사관은 공연집회가 안전하게 치러질 수 있도록 안전에 각별한 관심과 신경을 썼다. 특히 퍼스트 스테이션 광장의 야외 공연집회에서는 매시간 한국 대사관과 관계 당국이 안전과 보안을 실시간으로 점검했다.

가슴 설레는 새로운 도전과 미션

　우리의 다음 공연은 유엔에서 하려고 한다. 이 세상에서 가장 분열되고 이 세상에 가장 많은 나라들 193개 국가가 모여 있는 그곳에서 차세대, 다음 세대를 준비하는 이스라엘의 어린이 120명과 한국의 어린이 120명이 함께 하는 공연을 준비하려고 한다.

　그 다음은 뉴욕의 카네기홀, 그리고 마지막 목표로 북한에서 공연을 계획 중이다. 정치, 경제로는 불가능한 것을 문화로, 순수한 아이들의 문화의 힘으로 하나씩 이루어 가려고 한다. 이 민족의 동질성을 국악 같은 전통성을 통해 역사를 살리고, 북한의 어린이들과 남한의 어린이들이 평양에서 함께 무대를 꾸밈으로써 화합하는 것을 꿈꾼다.

　이스라엘에서 돌아오는 비행기 안에서 세계적으로 유명한 뮤지션의 공연 영상을 보았다. 야니가 이집트의 피라미드 앞에서 그리고 중국의 자금성에서 공연하는 것을 보았다. 하이라이트가 우주선의 선장과 도킹하는 것이었다. 아주 잘 만들어진 대규모 공연이었다. 우리가 이스라엘에서 했던 공연과 자연스럽게 비교가 되었다. 수많은 제작비를 투자한 유명 아티스트의 공연은 아주 멋진 무대와 조명의 환상적인 공연이었다. 하지만 스킬은 있지만 눈물도 감동도 없다는 생각이 들었다. 단지 현란했을 뿐 가슴에 부딪히는 감동이 없었다. 그 공연은 무엇보다 신에 대한 감사가 없었다. 그것은 틀림없이 지구상 최고의 무대였다. 단지 인간의 교만과 인간의 기술로 가득 찬. 우리가 꿈꾸는 문화 사업 비전은 일류가 할 수 있는 것이 아니다.

우리같이 작고 작은 단체가 아이들을 키워서 해야만 한다. 화려하지 않고 느리게 보일지라도 우리만의 길을 걸어갈 것이다. 지구상에 가장 힘들고 갈등과 위험이 도사리고 있는 곳인 이스라엘 땅에서의 공연. 앞으로 멀지 않은 미래에 꿈꾸는 UN에서의 공연 그리고 북한에서 진행하게 될 그 날의 공연이 분명 가치 있고 의미있다고 확신한다. 화려함이 아닌 가슴을 나누는 감동이 있는 무대. 아이들의 꿈과 열정으로 만들어진 공연. 우리의 소박한 꿈이 바로 그런 무대이다.

　지난 10년의 세월이 말해 주듯, 소명감을 가지고 살아간다는 것은 삶의 많은 부분에 있어 희생을 요구한다. 하지만 우리 부부는 인생의 가치관과 희망, 그리고 신앙의 힘이 그런 것들을 모두 상쇄하고도 남는 축복을 가져다준다고 생각한다. 신앙은 우리 부부를 붙들어 주었고, 생동감 있는 활동을 할 수 있도록 해 주었다.

　현재 우리 문화센터는 언론에 여러 번 소개된 꽤 비중있는 활동을 지속하고 있다. 우리의 눈물의 원인이었던 10년 간의 법적인 투쟁과 주변의 질시 등은 이제는 언제 그랬냐는 듯 모두 사라진 상태이다. 마음속으로 '그래! 버텨내길 잘했어'라는 흐뭇한 한마디들은 되뇔 때마다, 그 오랜 시간 동안 우리 부부를 믿어주고 지켜 주었던 고마운 사람들을 생각하지 않을 수 없다.

　일일이 그들의 노고와 수고를 손잡아가며 감사해야겠지만, 이 책의 끝을 빌어 '정말 감사했다'는 말을 전한다. 이 책을 통해 이해

했겠지만, 사단법인 '국제열린문화교류회(OSIE)' 활동은 우리 부부의 신앙적 신념과 맥을 같이한다. 장소인 '문화센터'는 신앙의 터전이자 '문화 사역'이라고 불릴 수 있는 활동의 주된 장소이다.

우리가 그토록 염원했던 아름다운 '활동의 장소'와 방해 없는 '활동'의 시간을 만끽하면서, 한 편으로는 지금이야말로 우리 자신을 추스르고 더 많은 발전을 위해서 노력해야 할 때라는 생각이 들기도 한다. '신이 쏜 불화살'은 오늘도 허공을 가르며 날아간다. 위력 있는 활동과 나눔, 그리고 사랑을 세상에 흩뿌리기 위해서 말이다. 북한, UN, 카네기홀…. 활동 무대가 어디가 되든 우린 포기하지 않고 나아갈 것이다. 그렇게 우린 이 세상의 모두가 사랑받기에 합당한 존재이며, 신의 사랑을 받는 존재라는 것을 증명해 나갈 것이다.

부디, 이 글을 읽고 있는 당신이 그 사랑을 발견하길 바라며….
비길 데 없는 존경과 사랑으로

2017년 9월
권병기, 고명숙